T0282051

VIVIR
LA COMUNICACIÓN
NO VIOLENTA

Título original: LIVING NONVIOLENT COMMUNICATION,
Traducido del inglés por Alicia Sánchez Millet
Diseño de portada: Editorial Sirio, S.A.
Maquetación: Toñi F. Castellón

© de la edición original
2012 de Marshall B. Rosenberg

Publicado con autorización de Sounds True, Inc.

© de la fotografía del autor
Beth Banning

© de la presente edición
EDITORIAL SIRIO, S.A.
C/ Rosa de los Vientos, 64
Pol. Ind. El Viso
29006-Málaga
España

www.editorialsirio.com
sirio@editorialsirio.com

I.S.B.N.: 978-84-19105-19-6
Depósito Legal: MA-939-2022

Impreso en Imagraf Impresores, S. A.
c/ Nabucco, 14 D - Pol. Alameda
29006 - Málaga

Impreso en España

Puedes seguirnos en Facebook, Twitter, YouTube e Instagram.

MARSHALL B. ROSENBERG

VIVIR
LA COMUNICACIÓN
NO VIOLENTA

*Herramientas prácticas para desarrollar tu habilidad
de comunicarte y conectar en cualquier situación*

EDITORIAL
SIRIO

ÍNDICE

BREVE INTRODUCCIÓN
A LA COMUNICACIÓN
NO VIOLENTA

La comunicación no violenta o CNV es un modelo de comunicación muy poderoso, pero va mucho más allá. Es una forma de ser, de pensar y de vivir en el mundo. Su finalidad es inspirar conexiones sinceras entre nosotros y otras personas: conexiones que permitan satisfacer las necesidades de todos, gracias a la entrega compasiva. Nos inspira a nosotros y a los demás a dar desde el corazón; también nos ayuda a conectar con nuestra divinidad y con lo que está vivo en nosotros[*] en cada momento.

---

[*] N. de la T.: *Lo que está vivo en nosotros* es una expresión muy propia del autor, que se entenderá mejor al llegar al último capítulo, pero puesto que es muy recurrente, hago esta aclaración para facilitar la comprensión del texto. Con esta expresión el autor se refiere a lo que él llama Amada Energía Divina, equivale al concepto de Dios, lo divino, nuestra verdadera esencia, eso que queda cuando desaparecen los prejuicios y desnudamos nuestra alma. «Lo que está vivo en nuestro interior» es lo que pretendemos descubrir en nosotros y en los demás a través de la CNV. También lo usa como «lo que está vivo en nosotros»; entonces se refiere a los verdaderos sentimientos y necesidades que tenemos en un momento dado.

Podríamos decir que la CNV es un lenguaje de compasión, pero, en realidad, es un lenguaje de vida en el que la compasión aflora espontáneamente. Este modelo nos enseña a expresar lo que está vivo en nosotros y en los demás. Una vez que tenemos claro lo que está vivo en nosotros y en otras personas podemos plantearnos qué podemos hacer para enriquecer esos sentimientos.

ALGUNOS SENTIMIENTOS BÁSICOS QUE TODOS COMPARTIMOS	
Cuando se satisfacen nuestras necesidades nos sentimos:	Cuando nuestras necesidades no se cubren nos sentimos:
Agradecidos	Abrumados
Alegres	Avergonzados
Aliviados	Compungidos
Asombrados	Confundidos
Cómodos	Decepcionados
Confiados	Desanimados
Seguros de nosotros mismos	Desesperanzados
Conmovidos	Enfadados
Dichosos	Frustrados
Emocionados	Impacientes
Enérgicos	Impotentes
Entusiasmados	Incómodos
Esperanzados	Irritados
Estimulados	Molestos
Inspirados	Nerviosos
Intrigados	Perplejos
Optimistas	Preocupados
Orgullosos	Reacios
Satisfechos	Solos
Sorprendidos	Tristes

La comunicación no violenta surgió a raíz de mi gran interés en dos preguntas. En primer lugar, quería entender mejor por qué algunos seres humanos tenemos conductas violentas y de explotación. Y en segundo lugar, quería entender mejor qué tipo de educación necesitamos para triunfar en nuestro intento de ser compasivos –lo cual creo que es nuestra naturaleza– incluso cuando los demás se comportan con violencia y nos explotan. Según la teoría centenaria, la violencia y la explotación existen porque los seres humanos somos malvados, egoístas o violentos por naturaleza. Pero yo he visto que no todo el mundo es así, he conocido a muchas personas que disfrutan contribuyendo al bienestar de los demás. Así que me pregunto por qué hay individuos que parecen disfrutar con el sufrimiento ajeno, mientras hay otros a los que les sucede justo lo contrario.

En mi exploración de estas dos preguntas, me he dado cuenta de que los tres factores siguientes son muy importantes para entender la razón por la que algunos respondemos con violencia y otros con compasión en situaciones similares:

- El lenguaje que hemos aprendido a usar.
- Cómo nos han enseñado a pensar y a comunicarnos.
- Estrategias específicas que hemos aprendido para influir en los demás y en nosotros mismos.

Puesto que estos tres factores juegan un papel principal en determinar si responderemos a las situaciones con compasión o con violencia, he integrado el tipo de lenguaje, de pensamiento y de comunicación que refuerza nuestra predisposición a contribuir de buena gana a nuestro propio bienestar y el de los demás, en el proceso que denomino comunicación no violenta.

ALGUNAS NECESIDADES BÁSICAS QUE TODOS COMPARTIMOS

Autonomía

Elegir nuestros sueños, metas y valores.

Elegir un plan para cumplir esos sueños, metas y valores.

Celebración

Celebrar la creación de la vida y la consecución de los sueños.

Celebrar la pérdida de los seres queridos, de los sueños, etc. (duelo).

Integridad

Autenticidad.
Creatividad.

Autoestima.
Sentido.

Interdependencia

Aceptación.
Agradecimiento.
Comunidad.
Consideración.
Contribución al enriquecimiento de la vida (ejercer tu poder dando aquello que aporta a la vida).
Empatía.
Intimidad.
Seguridad emocional.

Amor.
Apoyo.
Comprensión.
Cordialidad.
Reafirmación.
Respeto.
Sinceridad (la sinceridad poderosa que nos permite aprender de nuestras limitaciones).

Necesidades físicas

Aire.
Alimentos.
Movimiento y ejercicio.
Protección frente a formas de vida que ponen en peligro la nuestra, como virus, bacterias, insectos, depredadores, etc.

Agua.
Caricias.
Cobijo.
Descanso.
Expresión sexual.

Juego

Diversión.

Risa.

Comunión espiritual

Armonía.
Belleza.
Inspiración.

Orden.
Paz.

El proceso de CNV nos enseña a decir sin tapujos cómo nos encontramos y qué está vivo en nosotros, sin criticar y sin analizar a otras personas de manera que sugiera que puedan estar haciendo algo malo. Este proceso se basa en el supuesto de que cualquier palabra que salga de nuestra boca respecto a la persona que nos escucha que pueda parecer un análisis o crítica, o que implique que está actuando mal, evitará que conectemos con ella de manera que ambos contribuyamos al bienestar del otro. Esta forma de comunicación enfatiza la compasión (en vez del miedo, la culpa, la vergüenza, el reproche, la coerción o la amenaza de castigo) como motivación para actuar. Es decir, se trata de obtener lo que deseamos por vías que luego no tengamos que lamentar. Parte del proceso es decir claramente, sin analizar, sin criticar o reprochar, qué está vivo en nosotros. Otro aspecto es decir claramente qué haría nuestra vida más maravillosa y exponer esta información a los demás en forma de peticiones, no de exigencias.

La comunicación no violenta se centra en velar por que se satisfagan las necesidades de los demás, y si no es así, en qué se puede hacer para solucionarlo. (Véase la introducción a las tablas «Algunos sentimientos básicos que todos compartimos» y «Algunas necesidades básicas que todos compartimos»). Nos enseña a expresarnos de maneras que aumenten la probabilidad de que los otros contribuyan voluntariamente a nuestro bienestar. También nos enseña a recibir los mensajes de los demás de formas que incrementen la probabilidad de que nosotros contribuyamos voluntariamente a su bienestar.

Espero que el material que encontrarás en este libro te ayude a comunicarte con aquellos que te rodean utilizando este lenguaje de vida y que te enseñe a escuchar esta misma cualidad comunicativa en sus mensajes, independientemente de cómo los expresen.

EL PROCESO DE CUATRO PASOS DE LA COMUNICACIÓN NO VIOLENTA	
Expresar claramente cómo me siento sin culpabilizar o criticar	**Recibir con empatía las reacciones sobre cómo me siento sin culpabilizar o criticar**
1. OBSERVACIÓN	
Lo que observo (veo, oigo, recuerdo, imagino, sin emitir juicios de valor) que contribuye o no contribuye a mi bienestar: «Cuando (veo, oigo)...».	Lo que observas (ves, oyes, recuerdas, imaginas, sin emitir juicios de valor) que contribuye o no contribuye a tu bienestar: «Cuando (ves, oyes)...». (A veces tácitamente a través de la empatía).
2. SENTIMIENTOS	
Cómo me siento (emoción o sensación, más que pensamiento) respecto a lo que observo: «*Siento*...».	Cómo te sientes (emoción o sensación, más que pensamiento) respecto a lo que observas: «*Sientes*...».
3. NECESIDADES	
Teniendo en cuenta esos sentimientos, emociones o sensaciones (expresados en el paso 2), «lo que yo necesito y/o valoro es...» (expresarlo sin marcar una preferencia o acción específica).	Teniendo en cuenta esos sentimientos, emociones o sensaciones (expresados en el paso 2), «lo que tú necesitas y/o valoras es...» (expresarlo sin marcar una preferencia o acción específica).
Pedir claramente –sin exigir– lo que enriquecería mi vida.	**Recibir con empatía lo que enriquecería tu vida sin percibirlo como una exigencia.**
4. PETICIONES	
Las acciones concretas que me gustaría realizar: «¿Estaría dispuesto a...?».	Las acciones concretas que te gustaría realizar: «¿Estarías dispuesto a...?». (A veces tácitamente a través de la empatía).

PODEMOS ARREGLARLO

Resolver los conflictos con tranquilidad y poder

Durante más de cuarenta años, he sido mediador en una amplia gama de conflictos entre padres e hijos, esposos y esposas, empresarios y trabajadores, palestinos e israelíes, serbios y croatas, y etnias enfrentadas en Sierra Leona, Nigeria, Burundi, Sri Lanka y Ruanda. Mediar en todos estos conflictos me ha enseñado que se pueden resolver pacíficamente a gusto de todos. La probabilidad de que se resuelvan los conflictos de esta manera satisfactoria aumenta considerablemente si se establece algún grado de vínculo humano entre las partes.

He desarrollado un proceso denominado comunicación no violenta (CNV), que consiste en aprender habilidades de pensamiento y de comunicación que nos permiten conectar compasivamente con los demás y con nosotros mismos.

Mis colaboradores y yo estamos sumamente satisfechos con las distintas formas en que las personas están utilizando la CNV en su vida personal, en su vida laboral y en sus actividades políticas.

A continuación, describo cómo el proceso de la comunicación no violenta favorece los intentos de resolver los conflictos pacíficamente. El proceso se puede utilizar tanto cuando estamos directamente implicados como cuando estamos mediando en un conflicto ajeno a nosotros.

Cuando me llaman para resolver un conflicto, empiezo guiando a las partes para que encuentren alguna cualidad de afecto y respeto que todos compartan y que les ayude a conectar entre ellos. Solo cuando han encontrado este punto de conexión, los invito a buscar estrategias para resolver el conflicto. En esta fase, no buscamos el *compromiso*, sino resolver el conflicto a gusto de todos. Para practicar este proceso de resolución de conflictos, hemos de abandonar por completo la meta de *conseguir que la gente haga lo que queremos.* Por el contrario, nos concentramos en crear las condiciones donde *se satisfagan las necesidades de todos.*

Para aclarar aún más esta diferencia de enfoque (entre conseguir lo que queremos y conseguir lo que quieren todos), imaginemos que alguien se comporta de forma que no satisface alguna de nuestras necesidades y hacemos la petición a esa persona para que se comporte de otro modo. Por experiencia propia, se resistirá a nuestra petición si ve que solo estamos interesados en satisfacer nuestras necesidades y no confía en que nosotros estemos igualmente interesados en satisfacer las *suyas*. La cooperación genuina se produce cuando los participantes confían en que tanto sus necesidades como sus valores serán tratados con respeto. El proceso de comunicación no violenta se basa en prácticas respetuosas que fomentan la verdadera comunicación.

UTILIZAR LA COMUNICACIÓN NO VIOLENTA PARA RESOLVER CONFLICTOS

Las prácticas de comunicación no violenta que fomentan la resolución de conflictos incluyen:

1. Definir y expresar tus necesidades.
2. Ser sensible a las necesidades de los demás, sin tener en cuenta cómo las expresen.
3. Asegurarte de que las necesidades están siendo bien recibidas.
4. Brindar la empatía que los demás necesitan con el objetivo de escuchar realmente sus necesidades.
5. Traducir las soluciones o estrategias propuestas al lenguaje de acción positiva.

Definir y expresar tus necesidades (las necesidades no son estrategias)

Según mi experiencia personal, si nos concentramos en nuestras necesidades, nuestros conflictos tienden hacia una resolución mutuamente satisfactoria. Cuando nos concentramos en las necesidades, expresamos las nuestras, entendemos con claridad las de los demás y evitamos cualquier lenguaje que implique que la otra parte está haciendo algo malo. En la página 12, hay una lista de las necesidades humanas básicas que todos compartimos.

Por desgracia, he observado que hay muy pocos individuos que estén capacitados para expresar sus necesidades. Por el contrario, han sido educados para criticar, insultar y comunicarse de maneras que crean distancia. Por consiguiente, incluso en los conflictos para los que existen soluciones, no son capaces de encontrarlas. Ambas partes, en lugar de expresar sus necesidades y de comprender las necesidades del otro o de los otros, se dedican a jugar al juego de a ver quién tiene razón. Ese juego es más probable que termine manifestándose en diferentes formas de violencia verbal, psicológica o física que en una resolución pacífica de las diferencias.

Puesto que las necesidades son un componente tan esencial para este enfoque de la resolución de conflictos, me gustaría aclarar a qué me estoy refiriendo cuando hablo de necesidades. La forma en que uso la palabra *necesidades* se puede interpretar como recursos que necesita la vida para automantenerse. Por ejemplo, nuestro bienestar físico depende de que nuestras necesidades de aire, agua, descanso y alimentación estén cubiertas. Nuestro bienestar psicológico y espiritual mejora considerablemente cuando nuestras necesidades de ser comprendidos y recibir apoyo, sinceridad y sentido están cubiertas.

Según esta definición de *necesidades*, todos los seres humanos tenemos las mismas, independientemente de nuestro sexo, nivel de educación, creencias religiosas o nacionalidad. Lo que difiere de una persona a otra son las estrategias que utilizan para satisfacer esas necesidades. Me he dado cuenta de que la resolución de conflictos se simplifica si separamos nuestras necesidades de nuestras estrategias para satisfacerlas.

Una de las directrices para separar las necesidades de las estrategias es recordar que las necesidades no contienen ninguna referencia específica para que se realice una acción concreta. Por el contrario, las estrategias eficaces —o lo que se conoce más habitualmente como exigencias, peticiones, deseos y «soluciones»—, *de hecho*, se refieren a individuos específicos que realizan acciones específicas. Una mediación entre un hombre y una mujer que estaban a punto de separarse aclarará esta importante diferencia entre las necesidades y las estrategias.

Le pregunté al marido cuáles eran las necesidades que no podía satisfacer en su matrimonio. «Necesito poner fin a esta relación», me respondió. Puesto que estaba hablando de una persona específica (él mismo) ejecutando una acción específica (abandonar el matrimonio), no estaba expresando una necesidad tal como yo la defino. En su lugar, me estaba comunicando la estrategia que pensaba utilizar. Se lo hice ver y le sugerí que pospusiéramos hablar de las estrategias hasta que hubiéramos aclarado realmente sus necesidades y las de su esposa. Cuando por fin lo consiguieron, ambos se dieron cuenta de que había otras estrategias distintas a la de poner fin a la relación que podían satisfacer sus necesidades. Y me complace decir que ya han pasado dos años desde entonces y han creado una relación matrimonial muy satisfactoria para ambos.

A muchas personas les resulta difícil expresar sus necesidades. Esta carencia de «cultura de la necesidad» crea problemas cuando se quieren resolver conflictos. Veamos el ejemplo de una pareja cuyos intentos de resolver sus conflictos les condujeron a la violencia física.

Yo había estado impartiendo unos cursillos en la empresa donde trabajaba el esposo. Al final de la formación, quiso hablar conmigo en privado. Me explicó su situación con su esposa con lágrimas en los ojos y me preguntó si podíamos reunirnos los tres para que los ayudara a resolver sus conflictos. La esposa accedió y nos reunimos esa misma tarde.

«Soy consciente de que los dos estáis sufriendo mucho. Os sugiero que empecéis expresando las necesidades que sentís que no se satisfacen en vuestra relación. Una vez que entendáis las necesidades de vuestra pareja, estoy seguro de que podremos buscar algunas estrategias para satisfacerlas», les dije para empezar. Lo que les estaba pidiendo implicaba saber expresar sus necesidades y la capacidad de entender las necesidades del otro.

Por desgracia, no fueron capaces de hacer lo que les sugerí. Les faltaba ese conocimiento. El esposo, en lugar de expresar sus necesidades, le dijo: «El problema es que eres totalmente insensible a mis necesidades». Al momento, ella le respondió: «Es típico de ti decir este tipo de cosas injustas».

En otra ocasión, trabajé para una empresa que tenía un conflicto muy grave desde hacía quince meses y que estaba minando la moral de los trabajadores y creando problemas de productividad. En este conflicto había dos bandos distintos dentro del mismo departamento. El conflicto giraba en torno a qué *software* utilizar, y eso generaba graves tensiones. Una parte había trabajado mucho para desarrollar el programa que estaban usando en aquellos momentos y quería seguir utilizándolo, mientras que la otra albergaba grandes esperanzas respecto al otro programa nuevo.

Cuando me reuní con este grupo, empecé como había hecho con el matrimonio que acabo de comentar. Pedí a ambas partes que expusieran qué necesidades satisfacían sus respectivos programas. Como sucedió con el matrimonio, no recibí una respuesta clara sobre sus necesidades. Por el contrario, cada parte respondió con un análisis intelectual, que la otra parte recibió con críticas.

Uno de los miembros de un bando dijo: «Creo que si continuamos siendo demasiado conservadores nos quedaremos sin trabajo en el futuro, porque progresar implica asumir ciertos riesgos y atreverse a demostrar que hemos dejado atrás la antigua forma de hacer las cosas». A lo que un miembro del otro bando respondió: «Pero yo creo que aferrarse impulsivamente a todas las novedades no nos hace ningún favor». Me dijeron que se habían estado repitiendo estos mismos análisis recíprocos durante meses y que estaban en un callejón sin salida. De hecho, la tensión había ido en aumento.

Como en el caso del matrimonio, no sabían cómo expresar directamente sus necesidades. Por el contrario, estaban analizando, y el otro bando recibía dichos análisis como una crítica. Así es como empiezan las guerras. Cuando no sabemos decir con claridad lo que necesitamos y solo analizamos a los demás, algo que estos interpretan como críticas, la guerra está servida, ya sea verbal, psicológica o física.

Ser sensible a las necesidades de los demás (sin tener en cuenta cómo las expresen)

El enfoque de resolución de conflictos que estoy describiendo no solo exige que aprendamos a expresar nuestras necesidades, sino que ayudemos a los demás a aclarar las suyas. Podemos entrenarnos para reconocer las necesidades de otras personas a través de sus mensajes, aunque no las expresen con claridad.

He aprendido por cuenta propia a hacer esto porque creo que cada mensaje, cualquiera que sea su forma o contenido, expresa una necesidad. Si aceptamos esta suposición, podemos entrenarnos para descifrar qué necesidad se esconde detrás de cada mensaje. De modo que si hago una pregunta sobre algo que alguien acaba de decir y esa persona me responde: «Es una pregunta tonta», opto por intentar descubrir qué necesita esa persona al expresar esa opinión específica sobre mí. Por ejemplo, puedo intuir que había una necesidad de comprensión que no estaba siendo satisfecha al haber hecho yo esa pregunta. O si pido a alguien que me hable del estrés que impera en nuestra relación y me responde: «No quiero hablar de ello», puedo percibir una necesidad de protección de lo que imagina que podría suceder si nos comunicáramos.

Esta habilidad para ser sensible a las necesidades de la gente es esencial para mediar en conflictos. Podemos ayudar sensibilizándonos a lo que ambas partes necesitan y expresándolo en palabras, y luego ayudamos a cada parte a escuchar las necesidades del otro. Esto crea una conexión de calidad que conduce a que el conflicto tenga una buena resolución.

Permíteme que te ponga un ejemplo de lo que quiero decir. Trabajo mucho con grupos de parejas casadas. En estos grupos, identifico a la pareja que lleva más tiempo en conflicto y hago una predicción bastante sorprendente para el grupo. Predigo que resolveremos este conflicto de larga duración en veinte minutos, en cuanto ambas partes puedan decirme lo que necesita el otro.

En una ocasión, trabajé con un grupo donde había una pareja que llevaba casada treinta y nueve años. Tenían un conflicto de carácter económico. A los seis meses de haber contraído matrimonio, la esposa había acabado con dos talonarios de cheques, así que a partir de entonces, el esposo custodiaba los talonarios y no le dejaba hacer cheques. Llevaban treinta y nueve años discutiendo por este tema.

—Marshall, te voy a decir una cosa: eso no va a pasar. Me refiero a que nuestro matrimonio va bien, nuestro nivel de comunicación es bastante bueno, pero en lo que respecta a este conflicto, sencillamente, tenemos necesidades distintas en cuanto al dinero. No veo que esto se pueda resolver en veinte minutos —me dijo la esposa en cuanto oyó mi predicción.

La corregí diciéndole que no había predicho que lo resolveríamos en veinte minutos.

—He predicho una resolución en veinte minutos, una vez que ambos me hayáis dicho cuáles son las necesidades del otro.

—Pero, Marshall, tenemos buena comunicación, y cuando llevas treinta y nueve años discutiendo sobre un mismo tema, entiendes muy bien qué necesita la otra parte.

—Bien, me he equivocado otras veces. Sin duda alguna, puedo equivocarme esta vez, pero veamos esto un poco mejor. Vale, si sabes cuáles son sus necesidades, dime cuáles son.

—Es muy evidente, Marshall. No quiere que gaste dinero.

—Eso es ridículo —reaccionó inmediatamente el marido.

Estaba claro que teníamos una definición diferente de *necesidades*. Cuando me dijo que él no quería que ella gastara dinero, estaba identificando lo que yo denomino estrategia. Aunque tuviera razón, habría acertado en cuanto a la *estrategia* deseada de su esposo, pero no sobre su *necesidad*. Una necesidad, tal como yo la entiendo, no hace referencia a ninguna acción específica, como gastar dinero o no gastarlo.

Le dije que todos los seres humanos tenemos las mismas necesidades, y que estaba seguro de que si podía identificar claramente las de su esposo y si este podía identificar las de ella, podríamos resolver el asunto.

—¿Puedes volver a intentarlo? ¿Qué crees que necesita? —le pregunté.

—Bien, te lo voy a explicar, Marshall. Él es como su padre. —Y me contó que su suegro era muy reacio a gastar dinero.

—Para un momento. Me estás haciendo un análisis de por qué es como es. Lo que te estoy pidiendo es que simplemente me digas qué necesidad de tu marido está influyendo en esta situación. Me estás haciendo un análisis intelectual de lo que le ha sucedido en la vida —le dije, interrumpiendo su discurso.

Era evidente que no sabía cómo identificar las necesidades de su esposo. Incluso después de treinta y nueve años de hablar sobre ello, seguía sin tener idea de cuáles eran sus necesidades. Había hecho sus propios diagnósticos, sabía intelectualmente cuáles podrían ser sus razones para no querer que ella tuviera un talonario de cheques, pero no entendía cuáles eran sus verdaderas necesidades en esta situación.

—Puesto que tu esposa no conoce cuáles son tus necesidades, ¿por qué no se las dices tú? ¿Qué necesidades satisfaces siendo tú el que controla los talonarios? —le pregunté al esposo.

—Es una esposa y una madre maravillosa. Pero en lo que respecta al dinero es una irresponsable total.

Una vez más, observa la diferencia entre lo que le pregunté —«¿Cuáles son tus necesidades en esta situación?»— y su respuesta. En lugar de decirme cuáles eran sus necesidades, me dio el diagnóstico de que era una irresponsable. Este es el tipo de lenguaje que creo que interfiere en la resolución pacífica de los conflictos. Cuando las personas se encuentran en el punto en que sienten que se las ha criticado, diagnosticado o interpretado intelectualmente, predigo que su energía se canalizará hacia la autodefensa y el cruce de acusaciones, en vez de hacerlo hacia las resoluciones que cubren las necesidades de todos.

Le indiqué que no estaba realmente conectado con sus propias necesidades y le hice ver que me estaba dando un diagnóstico de su esposa. Entonces, de nuevo le pregunté:

—¿Cuáles son tus necesidades en esta situación?

Fue incapaz de identificarlas.

Ni siquiera después de treinta y nueve años de discusiones, ninguno de los dos era realmente consciente de las necesidades del otro. Esta era una situación en la que mi habilidad para percibir las necesidades podía ayudarlos a resolver el conflicto. Utilicé las técnicas de la comunicación no violenta para adivinar las necesidades que tanto el uno como la otra estaban expresando en forma de crítica.

Le recordé a él que había dicho que su esposa era totalmente irresponsable respecto al dinero (una opinión) y luego le pregunté:

—¿Tienes miedo en esta situación porque te sientes responsable de proteger a la familia económicamente?

Cuando le dije esto, me miró y me dijo:

—¡Eso es justamente lo que estoy diciendo!

Por supuesto, no era eso exactamente lo que había dicho, pero cuando percibimos lo que necesita el otro, creo que nos acercamos a la verdad, nos acercamos a lo que está queriendo decir. Creo que todo análisis que implique reproche es básicamente la expresión desafortunada de unas necesidades insatisfechas. Si podemos escuchar lo que necesitan los demás, para ellos supondrá un gran regalo, porque les ayuda a seguir conectados con la vida.

Aunque en esta situación acerté, lo que hacía falta no era que yo tuviera razón. Incluso aunque hubiera errado, por lo menos, me estaba centrando en las necesidades. Este tipo de enfoque nos ayuda a conectar con nuestras necesidades. Nos saca de la actitud analítica y nos ayuda a conectar más con la vida.

Asegúrate de que las necesidades están siendo bien recibidas

Una vez que hubo expresado su necesidad, el paso siguiente fue asegurarnos de que su esposa la había oído. Esta es una habilidad primordial en la resolución de conflictos. No podemos dar por sentado que por el mero hecho de haber verbalizado un mensaje, el otro va a recibirlo adecuadamente. Siempre que estoy mediando en un conflicto, si no estoy seguro de que quienes están escuchando el mensaje lo han recibido correctamente, les pido que lo repitan.

—¿Podrías decirme lo que has oído sobre las necesidades de tu esposo en esta situación?

—Bueno, solo porque dejara la cuenta bancaria al descubierto un par de veces al poco tiempo de habernos casado no significa que vaya a seguir haciéndolo —respondió.

Su respuesta no fue atípica según mi experiencia. Cuando las personas han ido acumulando sufrimiento a lo largo de muchos años, aunque una exprese claramente una necesidad, no significa que aquella a quien va dirigido el mensaje se entere. Normalmente, ambos están tan desbordados con su propio dolor que este interfiere para que puedan escuchar al otro.

Le pedí que repitiera lo que había dicho su esposo, pero era evidente que no lo había escuchado, que estaba demasiado resentida.

—Me gustaría decirte lo que he escuchado que ha dicho tu esposo y me gustaría que lo repitieras conmigo. He escuchado que tu esposo decía que siente la necesidad de proteger a la familia. Está asustado, porque realmente quiere estar seguro de que a la familia no le va a faltar de nada.

Proporcionar empatía para aliviar el sufrimiento (que impide que las personas se escuchen mutuamente)

La esposa seguía sin poder entender la necesidad de su esposo, así que utilicé otra técnica que suelo usar para resolver conflictos, cambié de táctica. En vez de intentar que ella repitiera lo que había escuchado de boca de su esposo, procuré entender su dolor.

—Siento que estás muy dolida y que necesitas que confíen en ti para que puedas aprender de la experiencia del pasado.

Por la expresión de sus ojos, supe que ella necesitaba realmente esa comprensión.

—Sí, justamente, así es —dijo.

Con esta nueva comprensión, esperaba que ahora pudiera escuchar a su esposo, así que le repetí lo que entendí como sus necesidades. Necesita proteger a la familia. Le pedí que repitiera lo que yo acababa de decir.

—Cree que gasto demasiado —respondió.

Como puedes ver, no estaba preparada para escuchar las necesidades, como tampoco lo estaba para expresarlas.

En lugar de escuchar lo que necesitaba su esposo, lo único que escuchaba era su propio diagnóstico de la situación. Le sugerí que tan solo intentara escuchar, sin ver en ello ninguna crítica personal. Después de repetírselo un par de veces más, por fin pudo oír las necesidades de su esposo.

Entonces, invertí el proceso y le pedí que fuera ella la que expresara las suyas. Una vez más, no fue capaz de hacerlo directamente; expresó su necesidad en forma de juicio de valor.

—No confía en mí. Cree que soy estúpida y que no soy capaz de aprender. Creo que es injusto. Quiero decir que solo porque lo hice un par de veces no significa que vaya a seguir haciéndolo —respondió.

Entonces, le *presté* mi habilidad de sentir las necesidades que esconden las palabras.

—Parece que necesitas que confíen en ti. Realmente necesitas el reconocimiento de que puedes aprender de una situación.

Entonces, le pregunté al esposo por las necesidades de su esposa. Y del mismo modo que ella tenía sus ideas preconcebidas que le impedían escucharlo, él tampoco entendió lo que ella dijo. Quería defender su necesidad de proteger a su familia y empezó a explicar que ella era una buena esposa, una buena madre, pero totalmente irresponsable en cuestiones económicas. Tuve que ayudarlo a que trascendiera su discurso y se limitara a escuchar las necesidades de su esposa, así que le dije: «¿Podrías decirme cuáles son sus necesidades, por favor?». Se lo tuve que repetir tres veces, pero al final entendió que necesitaba que confiaran en ella.

Tal como había predicho, cuando ambos consiguieron escuchar las necesidades del otro, no hicieron falta veinte minutos para encontrar una manera de satisfacerlas. ¡Necesitaron mucho menos!

Cuantos más conflictos he vivido con el paso de los años, cuanto más he visto qué es lo que provocaba discusiones en las familias y lo que conducía a los países a la guerra, más he creído que la mayoría de los escolares pueden resolver estos conflictos. Si las personas se limitaran a plantear: «Estas son las necesidades de las partes. Estos son los recursos. ¿Qué podemos hacer para satisfacerlas?», los conflictos se resolverían fácilmente. Pero, por desgracia, no nos han enseñado a pensar en términos de las necesidades humanas y nuestro pensamiento no llega a ese nivel. Por el contrario, nuestra cultura nos empuja a deshumanizarnos los unos a los otros con etiquetas y juicios de valor, y entonces, hasta los conflictos más simples se vuelven muy difíciles de resolver.

Resolver disputas entre grupos

Para demostrar cómo se pueden aplicar los mismos principios cuando hay más de dos personas implicadas, veamos un conflicto en el que tuve que mediar entre dos tribus de Nigeria. Hacía un año que entre estas tribus se daba una violencia extrema. De hecho, una cuarta parte de su población había sido asesinada —cien de cuatrocientas personas— en un año.

Conocedor de este grado de violencia, un colega mío que vive en dicho país trabajó mucho para que los dirigentes de ambos bandos accedieran a reunirse, para ver si podían resolver el conflicto. Después de mucho esfuerzo, por fin, consiguió que se celebrara la reunión.

Cuando entrábamos en la sesión, mi colega me susurró algo: «Prepárate para un poco de tensión, Marshall. Tres de las personas que están en la sala saben que quien asesinó a sus hijos está entre ellos». Al principio, había mucha tensión. Había habido mucha violencia entre estos dos grupos, y ahora, estaban todos reunidos por primera vez.

Empecé con la petición con la que suelo iniciar las sesiones de resolución de conflictos. Les dije a ambos grupos: «Me gustaría que quienquiera que hable primero exponga sus necesidades en esta situación. Cuando todo el mundo haya entendido las necesidades de todos, pasaremos a buscar las formas de solventarlas».

Por desgracia, como sucedió con el matrimonio, no sabían cómo afrontar esta situación, solo sabían hablar de lo malo del otro bando. En lugar de responder a mi petición, el jefe de uno de los grupos miraba a los otros y les decía: «Vosotros sois unos asesinos», y el otro grupo respondía: «Vosotros habéis intentado dominarnos. ¡No lo vamos a seguir tolerando!». Al cabo de dos frases teníamos más tensión que al principio.

Es evidente que reunir a las partes para que se comuniquen no sirve de nada, a menos que sepan comunicarse de un modo que las ayude a conectar como seres humanos. Tuve que realizar el mismo trabajo que con el matrimonio: de nuevo les *presté* mi capacidad para sentir las necesidades que se ocultaban detrás de las palabras.

Me dirigí al jefe que había dicho «vosotros sois unos asesinos», y probé diciendo:

—Jefe, ¿necesitas seguridad y tener la certeza de que los conflictos se van a resolver por otros medios que no sean la violencia?

—Por supuesto, ¡eso es lo que estoy diciendo! —respondió inmediatamente el jefe.

Bien, era evidente que no había dicho eso. Había dicho que los otros eran unos asesinos y había emitido un juicio de valor, en vez de expresar sus necesidades. No obstante, ahora teníamos sus necesidades sobre la mesa, así que me dirigí al jefe del otro grupo.

—Jefe, ¿podrías repetir cuáles ha dicho que eran sus necesidades?

El jefe se dirigió al otro hombre de un modo muy hostil:

—Entonces, ¿por qué mataste a mi hijo?

Eso provocó protestas entre ambos grupos. Cuando se hubo calmado el ambiente, proseguí:

—Jefe, trataremos tu reacción a su necesidad más tarde, pero de momento te sugiero que te limites a escuchar sus necesidades. ¿Puedes repetir cuáles ha dicho que eran sus necesidades?

No fue capaz. Estaba tan implicado emocionalmente en esta situación y en juzgar a la otra persona que no escuchó cuáles eran sus necesidades. Repetí las necesidades y volví a dirigirme a él.

—Jefe, el otro jefe decía que necesitaba seguridad. Necesita sentirse seguro, que por más conflictos que se presenten, necesita saber que se podrán resolver de manera no violenta. ¿Podrías repetir esa necesidad, para que yo pueda estar seguro de que nos estamos entendiendo?

De nuevo no fue capaz. Tuve que repetir esto dos o tres veces, antes de que el jefe pudiera oír las necesidades de la otra persona.

Luego invertí el proceso.

—Gracias por escuchar que él tiene esta necesidad de seguridad. Ahora me gustaría escuchar cuáles son tus necesidades en esta situación —le dije al segundo jefe.

—Han estado intentando dominarnos. Son un pueblo dominante. Se creen mejores que los demás.

De nuevo empezó la lucha contra el otro bando. Tuve que intervenir e interrumpir:

—Perdón, perdón. —Cuando se calmó el grupo, volví a intentar comprender las necesidades que encerraba esa afirmación de que el otro grupo era dominante—. Jefe, ¿con esa afirmación estás queriendo decir que necesitas igualdad? ¿Realmente necesitas sentir que estás siendo tratado con igualdad en esta comunidad?

—Sí, por supuesto —respondió.

Una vez más, el trabajo consistía en conseguir la atención de la otra parte, lo cual no era fácil. Hizo falta repetirlo tres o cuatro veces, para que el jefe del otro bando fuera capaz de ver la necesidad que estaba expresando este otro ser humano. Por último, el jefe consiguió escuchar que el otro jefe necesitaba igualdad.

Después de dedicar mucho tiempo a conseguir que ambos grupos expresaran sus necesidades y que oyeran las necesidades del otro (esto llevó unas dos horas), otro jefe que todavía no había hablado se puso en pie, me miró y me dijo algo con mucha intensidad en su propio idioma. Me quedé muy intrigado por saber lo que estaba intentando decirme con tanta vehemencia, y esperé con expectación la traducción.

—El jefe ha dicho que no pueden aprender esta forma de comunicarse en un solo día. Pero que si consiguen comunicarse de esta manera, ya no tendrán que matarse unos a otros —dijo el traductor.

Me emocioné mucho al oír eso.

—Dile al jefe que estoy muy agradecido por que haya sido capaz de ver lo que puede suceder cuando oímos las necesidades del otro. Dile que mi objetivo de hoy es ayudarlos a resolver el conflicto pacíficamente a gusto de todos, y que espero que todos puedan ver el valor que tiene este tipo de comunicación. Dile que si los integrantes de cada uno de los grupos están de acuerdo, estaré encantado de enseñar a la gente de cada tribu a comunicarse así, para que puedan resolver los futuros conflictos de este modo, en lugar de recurrir a la violencia —le dije al traductor.

El jefe quería ser uno de los que aprendieran esta forma de comunicación. De hecho, antes de marcharme ese día, hubo miembros de ambas tribus que quisieron aprender este proceso que permitiría a todos reconocer las necesidades que se ocultaban detrás de cada mensaje expresado. Me alegra poder decir que la guerra entre aquellas tribus finalizó ese día.

Ofrecer estrategias en el lenguaje de acción positiva

Una vez que he ayudado a las partes de un conflicto a expresar sus necesidades y a comprender las necesidades de los demás, les sugiero que busquen estrategias que satisfagan las necesidades de todos. Por experiencia propia, he podido comprobar que si pasamos demasiado rápido a las estrategias, tal vez consigamos algunos compromisos, pero no tenemos la misma calidad de resolución. No obstante, si entendemos bien las necesidades, antes de ir a las soluciones propuestas, aumentamos las probabilidades de que ambas partes cumplan el acuerdo.

Por supuesto, no basta con ayudar a cada parte a ver qué necesita la otra. La mediación ha de concluir con la acción: con una que satisfaga las necesidades de todos. Esto implica ser capaces de expresar las estrategias, que han sido propuestas claramente en lenguaje de acción positiva y en el presente.

Por lenguaje en el «presente», me estoy refiriendo a una declaración clara de que lo que se desea de la otra parte es *en este momento*. Por ejemplo, empieza con: «Me gustaría que me dijeras si estás dispuesto a...», y luego decir la acción que te gustaría que emprendiera la otra persona. Traerlo al presente —«¿Estarías dispuesto a...?»— facilita una discusión respetuosa. Si la otra parte responde que no está dispuesta, podemos averiguar la razón. He observado que los conflictos progresan hacia una resolución si aprendemos a formular la petición en tiempo presente. Si digo: «Me gustaría que vinieras al espectáculo conmigo el sábado por la noche», queda bastante claro lo que quiero el sábado por la noche, pero no necesariamente aclara lo que deseo de esa persona en el momento presente. En ese momento, puede que lo que yo desee que me diga es si le gustaría venir. Puede que quiera que me comunique si le apetece venir conmigo. Tal vez quiero saber si tiene alguna reserva respecto a ir, etcétera.

Cuanto más claros seamos respecto a la respuesta que queremos *ahora mismo*, antes podremos llegar a la resolución del conflicto.

También sugiero que las peticiones sean expresadas en *lenguaje de acción positiva* exponiendo con claridad qué es lo que queremos que se haga para satisfacer nuestras necesidades, en lugar de expresar lo que no queremos. En las situaciones conflictivas, decir a los demás lo que no queremos genera confusión y resistencia. Esto vale incluso para cuando hablamos con nosotros mismos. Si solo nos decimos lo que no queremos hacer, no es probable que la situación cambie demasiado.

Recuerdo que, hace varios años, debatí un tema en una televisión pública. El programa se grabó a primera hora de la mañana y se pasaba por la tarde, así que tuve tiempo de ir a mi casa y verlo desde allí. Me enfadé mucho conmigo mismo, porque había hecho tres cosas que no me gusta hacer cuando estoy en un debate. Me dije a mí mismo: «Si vuelvo a debatir un tema como este, no quiero hacer A, no quiero hacer B, no quiero hacer C».

Tuve la oportunidad de enmendarme, porque a la semana siguiente volvieron a invitarme a proseguir con el mismo debate. Mientras me dirigía a los estudios de televisión, me repetí: «Ahora, recuerda, no hagas A, no hagas B y no hagas C». Llegué al programa, los otros participantes se dirigieron a mí del mismo modo que lo habían hecho la semana anterior, ¿y qué hice yo? Durante diez segundos estuve fantástico. Pero ¿qué hice después de esos diez segundos? A, B y C. De hecho, según puedo recordar, ¡enseguida compensé esos diez primeros segundos!

El problema fue que me había dicho a mí mismo lo que *no* tenía que hacer. No había sido lo bastante claro respecto a lo que quería hacer de otro modo. En la resolución de conflictos, decir cada uno claramente lo que desea —en vez de lo que no se quiere— ayuda a ambas partes a satisfacer las necesidades de todos.

Una vez, hubo una mujer que me dejó muy claro este punto. Tenía un conflicto con su esposo respecto al tiempo que este pasaba en casa, así que le dijo: «No quiero que pases tanto tiempo en tu trabajo». Después se enfureció cuando él se apuntó a una liga de bolos. En este caso, ella también había expresado lo que no quería, en vez de lo que quería. Si hubiera expresado lo que quería, puede que hubiera sido algo como esto: «Me gustaría que me dijeras que estás dispuesto a pasar al menos una noche a la semana conmigo y con los niños».

El lenguaje de acción significa decir claramente lo que queremos cuando hacemos una petición usando verbos de acción claros. También significa evitar el lenguaje que oculta nuestras necesidades o que puede interpretarse como un ataque.

Por ejemplo, había una pareja que tenía un conflicto desde hacía doce años. La mujer tenía la necesidad de ser comprendida y su relación no se la satisfacía. Cuando conseguí que su pareja expresara la necesidad de su esposa, le dije:

—Vale, ahora pasemos a las estrategias. ¿Cómo quieres (por su parte, por ejemplo) que se satisfaga tu necesidad de ser comprendida? —le pregunté.

—Quiero que me escuches cuando te hablo —respondió mirando a su esposo.

—Te escucho —dijo él.

—No, no lo haces —replicó ella.

—Sí, lo hago —insistió él.

Me dijeron que hacía doce años que tenían esta misma conversación. Esto es lo que sucede cuando usamos palabras como *escuchar* para expresar nuestras estrategias. Es demasiado vaga. No es un verbo de acción.

Con mi ayuda, esta mujer se dio cuenta de lo que realmente quería de su pareja: «Quiero que escuches».

Quería que su esposo repitiera lo que acababa de decir, para asegurarse de que se había expresado con claridad. Cuando le hizo esa petición de acción positiva, él estuvo dispuesto a hacerlo. Esto le encantó, porque, por fin, su estrategia sirvió para satisfacer su necesidad. Al final, había conseguido lo que no había obtenido en doce años. Lo que le faltaba era un lenguaje claro para comunicarle lo que deseaba.

Otro conflicto similar era el de un matrimonio en el que la esposa necesitaba que él respetara sus decisiones.

—Ahora que tu esposo entiende que necesitas que respete tus decisiones, ¿qué es lo que le pides? ¿Cuáles son tus estrategias para satisfacer esa necesidad? —le dije, cuando el esposo consiguió entenderla.

—Bueno, quiero que me des la libertad de crecer y ser yo misma —dijo ella.

—Ya lo hago —replicó él.

—No, no lo haces.

—Sí, lo hago.

—¡Un momento! ¡Un momento! —intervine.

Una vez más, vemos el lenguaje de la no acción exacerbando un conflicto. La gente puede interpretar fácilmente que la petición «dame libertad para crecer» implica que él es una persona dominante y que la trata como a una esclava. Esta petición no aclara qué *es* lo que desea. Se lo hice ver a la esposa.

—Quiero que le digas exactamente qué es lo que quieres que él haga para satisfacer tu necesidad de que respete tus decisiones.

—Quiero que me permitas... —empezó ella. En ese punto la detuve.

—Creo que *permitir* también es un verbo demasiado vago. ¿Puedes utilizar un verbo de acción más concreto que *permitir*? —le dije.

—Bueno, ¿qué tal si le digo que me deje?

—No. Sigue siendo muy vago. ¿Qué es lo que quieres decir realmente cuando dices que quieres que una persona te deje?

Tras pensarlo unos segundos, tuvo una importante revelación.

—Oh, oh, Marshall, ya entiendo lo que está pasando. Ya sé lo que quiero de él cuando le digo «quiero que me dejes ser» y «quiero que me des la libertad para crecer». Pero si se lo digo en un lenguaje más claro es bastante embarazoso. Además, me doy cuenta de que no puede hacerlo, porque lo que quiero es que me diga que está bien todo lo que hago.

Cuando vio con claridad lo que le estaba pidiendo, se dio cuenta de que no le estaba dejando a su marido mucha libertad para ser él mismo y que también se respetaran *sus* decisiones. El respeto es un elemento clave para resolver con éxito un conflicto.

RESOLVER CONFLICTOS CON FIGURAS DE AUTORIDAD

Hace muchos años, trabajé con un grupo de estudiantes de una minoría étnica de una ciudad del sur. Ellos sentían que el director de su centro era muy racista en su conducta y me pidieron ayuda para desarrollar habilidades para resolver sus conflictos con él.

Cuando trabajamos en nuestra sesión de formación, definieron claramente sus necesidades. Cuando hablamos de expresar su petición, me dijeron:

—Marshall, no somos optimistas en cuanto a hacerle peticiones. Ya lo hemos hecho en el pasado y no fue agradable. Nos llegó a decir: «Largo de aquí o llamo a la policía».

—¿Qué le pedisteis? —pregunté.

—Le dijimos que no queríamos que nos dijera cómo teníamos que peinarnos —respondió uno de los estudiantes.

Se estaban refiriendo al hecho de que el director les había prohibido formar parte del equipo de fútbol, a menos que se cortaran el pelo.

—Decirle lo que no queréis (no queréis que os diga cómo os habéis de peinar) no es exactamente lo que os estoy sugiriendo. Os estoy sugiriendo que aprendáis a decirle lo que deseáis.

—Bueno, le dijimos que queríamos justicia —dijo otro estudiante.

—Bueno, eso es una necesidad. Necesitamos justicia. Cuando conocemos nuestras necesidades, el paso siguiente es ser muy claros con las personas respecto a lo que realmente queremos que hagan. ¿Qué pueden hacer para satisfacer nuestras necesidades? Hemos de aprender a decirlo más claramente.

Trabajamos mucho y formulamos treinta y ocho peticiones en lenguaje de acción positiva, luego practicamos cómo presentarlas de una manera respetuosa y sin exigencias. Eso significa que, después de haber hecho la petición, sea cual fuere la respuesta de la otra persona, tanto si dice sí como si dice no, vas a ser igualmente respetuoso y comprensivo. Si dice no, procura comprender *qué necesidad* le impide decirte que sí.

Respetar no es lo mismo que estar de acuerdo

Comprender las necesidades de los demás no significa renunciar a las tuyas. Significa demostrarles que estás interesado en *ambas*: las tuyas *y* las suyas. Cuando confían en eso, existen muchas más probabilidades de que se satisfagan las necesidades de todos, que es lo que sucedió en la situación con el director.

Los estudiantes fueron a verlo, le contaron sus necesidades y expresaron sus treinta y ocho peticiones en un lenguaje de acción claro. Escucharon las necesidades del director y, al final, este aceptó sus treinta y ocho peticiones. Al cabo de unas dos semanas, recibí una llamada de un representante del distrito escolar[*] para pedirme si podía enseñar a su administrador escolar lo que les había enseñado a esos estudiantes.

Es muy importante que cuando expresemos nuestras peticiones respetemos la reacción de la otra persona, tanto si esta acepta nuestra propuesta como si no. Uno de los mensajes más importantes que puede transmitirnos alguien es «no» o «no quiero». Si escuchamos bien este mensaje, nos ayudará a entender sus necesidades. Si escuchamos las necesidades ajenas, veremos que cada vez que nos dicen «no», en realidad nos están diciendo que tienen una necesidad, que no se incluye en nuestra estrategia, que les impide decirnos que sí. Si aprendemos a escuchar la necesidad que se oculta detrás de un «no», accederemos a una puerta abierta para satisfacer las necesidades de todos.

Si interpretamos el «no» como un rechazo o si empezamos a culpabilizar a la otra persona por negarse, no es probable que encontremos una forma de satisfacer a todos. Es esencial que durante todo el proceso mantengamos la atención del conjunto de los participantes en *satisfacer las necesidades de todos*.

---

[*] N. de la T.: En Estados Unidos y Canadá es el territorio que cubren una o varias escuelas públicas administradas por un consejo escolar responsable de uno o más de esos territorios. Es un organismo público encargado de gestionar las escuelas públicas. Fuente: Wikipedia.

Soy muy optimista respecto a lo que puede suceder en cualquier conflicto si somos capaces de generar esta cualidad en la conexión. Si todas las partes de un conflicto aclaran cuáles son sus necesidades y escuchan las necesidades de todos y si los participantes expresan sus estrategias en un lenguaje de acción claro, entonces, aunque la otra persona diga no, la atención vuelve a centrarse en satisfacer las *necesidades*. Si todos hacemos esto, encontraremos fácilmente estrategias para contentar al conjunto.

CUANDO NO PUEDES REUNIR A LAS DOS PARTES

Como he dicho, tengo muchas esperanzas respecto a lo que puede suceder cuando reunimos a los implicados y hablamos a este nivel, pero para eso hay que reunirlos. Recientemente, he estado buscando estrategias para resolver conflictos en los que los interesados no querían reunirse.

Una estrategia que me agrada bastante es la de utilizar una grabadora. Trabajo con cada parte por separado e interpreto el papel de la otra persona. Así es como funciona: una mujer vino a verme muy afligida por un conflicto que tenía con su esposo, especialmente por la forma en que él gestionaba su ira, porque, a veces, ejercía violencia física contra ella. Ella quería que él hubiera ido a la reunión para hablar de su conflicto, pero se negó. Cuando vino a mi despacho le dije: «Déjame interpretar el papel de tu esposo». En ese rol, escuché lo que me estaba diciendo y oí respetuosamente los sentimientos que estaba expresando y lo que suponía para ella ser golpeada y no ser entendida como le gustaría.

La escuché intentando facilitarle que expresara sus necesidades de la forma más clara posible y, de ese modo, le mostré una comprensión respetuosa de esas necesidades.

Luego, siguiendo en el papel del esposo, expresé lo que intuía que podían ser las necesidades de él y le pedí que estuviera atenta. Grabamos esta simulación de roles conmigo actuando en nombre del esposo y, con mi ayuda, pudimos comunicar claramente sus necesidades. Entonces, le pedí que le pusiera esta grabación a su esposo y que esperara a ver su reacción.

Cuando le puso el audio a su esposo y este oyó cómo había interpretado yo su papel, se sintió muy aliviado. Según parece, había adivinado con toda exactitud sus necesidades. A raíz de haberse sentido comprendido por mi forma de interpretar su papel, se decidió a venir y seguimos trabajando juntos hasta que hallaron otras formas de resolver sus necesidades sin recurrir a la violencia.

CONCLUSIÓN

He compartido algunos de mis conceptos sobre la resolución de conflictos. También he mostrado que creo que ser consciente de las necesidades ayuda mucho, así como la importancia de expresar las nuestras y oír las del otro, y por último, de buscar estrategias y expresarlas en un lenguaje de acción claro.

Espero que lo que he compartido os ayude en vuestros intentos de resolver los conflictos personales con mayor armonía y que os sirva para mediar en los conflictos con los demás. Espero que refuerce vuestra conciencia del valioso flujo de comunicación que permite la resolución de los conflictos, para que todos sientan que se han cubierto sus necesidades. También espero que os ayude a ser más consciente de la posibilidad de comunicaros sin tener que coartar a los demás, de generar una comunicación fluida que incremente nuestro reconocimiento de que somos interdependientes.

2

SER YO MISMO SIN DEJAR DE AMARTE

Guía práctica para gozar de
relaciones extraordinarias

L o que viene a continuación son fragmentos de talleres y de entrevistas que me han hecho los medios de comunicación, respecto al tema de la intimidad y las relaciones personales estrechas. A través de juegos de rol y diálogos, trato la mayoría de los aspectos clave para aplicar la comunicación no violenta y crear relaciones cordiales con nuestros socios, cónyuges y familia, sin perder nuestra integridad personal y nuestros valores.

INTRODUCCIÓN AL TALLER

¿Adivináis qué me ha pasado hoy? Estoy dando este taller sobre relaciones por la tarde y he tenido una crisis esta mañana a las siete. Me ha llamado mi esposa y me ha hecho una de esas preguntas que surgen en las relaciones y que detestas que te hagan a cualquier hora del día, pero especialmente a las siete de la mañana, cuando no está tu abogado. ¿Qué me ha preguntado a esa hora? «¿Estás despierto?». Esa no fue la pregunta más difícil. «Tengo una pregunta muy importante: ¿soy atractiva?». [Risas]. Odio ese tipo de preguntas. Es como la vez que regresé a casa después de haber pasado bastante tiempo viajando y me preguntó: «¿Ves algo diferente en la casa?». Miré y miré: «No». ¡Había pintado toda la casa! [Risas].

Sabía que la pregunta que me había hecho esta mañana era de las que surgen en las relaciones. «¿Soy atractiva?». Por supuesto, como orador de CNV, podía haber escurrido el bulto diciendo que no era una pregunta de CNV, porque sabemos que nadie *es* nada. Nadie tiene razón, está equivocado, es atractivo o no lo es. Pero sabía que ella no se conformaría con nada de eso, así que le dije. «¿Quieres saber si eres atractiva?». «Sí», respondió. «Unas veces sí y otras no». [Risas]. Le gustó la respuesta, ¡gracias a Dios!

En uno de mis libros favoritos, *How to Make Yourself Miserable* [Cómo hacerte infeliz a ti mismo], de Dan Greenburg, aparece este diálogo:

—¿Me amas? Es muy importante para mí. Piénsalo bien: ¿me amas?

—Sí.

—Por favor, esto es muy importante. Piénsalo seriamente: ¿me amas?

(Periodo de silencio).

—Sí.

—Entonces, ¿por qué dudas? [Risas].

La gente puede cambiar su forma de pensar y de comunicarse. Puede tratarse a sí misma con mucho más respeto y aprender de sus limitaciones sin odiarse. Nosotros enseñamos a hacer esto a través de la comunicación no violenta. Enseñamos un proceso que puede ayudar a la gente a conectar con sus allegados, de manera que les permita disfrutar de mayor intimidad, entregarse el uno al otro por placer, sin quedarse atrapados en hacer las cosas por deber, obligación, sentimiento de culpa, vergüenza y otras cosas que destruyen las relaciones íntimas. Enseñamos a la gente a disfrutar trabajando en cooperación en una comunidad de trabajo. Procuramos que aprendan a transformar estructuras de dominación y jerarquía en comunidades de trabajo, donde los miembros compartan su visión respecto a lo que pueden aportar a la vida. Y estamos entusiasmados al ver la energía que tienen las personas de todo el mundo para conseguir que esto se haga realidad.

UN CONFLICTO TÍPICO

PARTICIPANTE A: Marshall, ¿cuál consideras que es el mayor conflicto, o el problema principal, que existe entre hombres y mujeres?

MARSHALL: Bueno, en mi trabajo, me hacen muchas preguntas parecidas. Las mujeres se me acercan y me dicen: «Marshall, no quiero que te hagas una idea equivocada. Tengo un marido maravilloso. —Y entonces, por supuesto, sé la palabra que viene a continuación: *pero*—. Pero nunca sé lo que siente». Los hombres de todo el mundo (aunque hay excepciones) son de la escuela de John Wayne en lo que a expresar sus emociones se refiere —la escuela de Clint Eastwood y de Rambo—, donde más que hablar, gruñen. En lugar de decir claramente lo que te está pasando internamente, etiquetas a las personas como lo hacía John Wayne cuando entraba en una taberna en las películas. Nunca jamás, aunque le estuvieran apuntando, dijo: «Tengo miedo». Tal vez había estado seis meses en el desierto, pero jamás dijo: «Me siento solo». Entonces, ¿cómo se comunicaba John? Lo hacía etiquetando a la gente. Es un sistema de clasificación simple. Si eran chicos buenos los invitaba a un trago, si eran malos los mataba.

Con esa forma de comunicarse, que era básicamente como me enseñaron a mí, no aprendes a conectar con tus emociones. Si estás entrenado para ser un guerrero, lo que quieres es evadirte de tus sentimientos. Bien, estar casada con un guerrero no es una experiencia muy fructífera para una mujer que tal vez jugara con muñecas, mientras los chicos jugaban a la guerra. Ella desea proximidad, pero el hombre carece del vocabulario para facilitar ese acercamiento.

Por otra parte, a las mujeres tampoco se les ha enseñado a ser demasiado claras respecto a sus necesidades. Durante siglos han sido educadas para renunciar a sus propias necesidades y cuidar a los demás. Así que suelen depender del liderazgo del hombre y esperan que este adivine sus necesidades y deseos, y que los satisfaga, que se haga cargo de ellos. Veo estos temas con bastante frecuencia, pero, como he dicho, hay muchas diferencias individuales.

PARTICIPANTE A: Juguemos a interpretar roles, lo típico que sucede entre hombres y mujeres. ¿Puedes prepararlo? Me refiero a una pelea típica.

MARSHALL: Bueno, uno de los temas más frecuentes es cuando las mujeres dicen a los hombres: «No me siento conectada contigo como me gustaría. Realmente, quisiera tener más conexión emocional contigo. ¿Y cómo te sientes cuando digo esto?». Y los hombres responden: «¿Eh?».

PARTICIPANTE A: Vale, yo interpretaré al hombre.

PARTICIPANTE A COMO ESPOSO: Bien, ¿qué quieres? ¿Qué quieres que haga?

MARSHALL COMO ESPOSA: Bueno, ahora, en lugar de hacerme esa pregunta, me gustaría saber cómo te sientes. ¿Te ha molestado lo que te he dicho? ¿Estás enfadado? ¿Estás asustado?

PARTICIPANTE A COMO ESPOSO: No lo sé.

MARSHALL COMO ESPOSA: Esto es lo que quiero decir. Si tú no sabes lo que sientes, es muy difícil para mí sentirme a salvo y tener confianza.

PARTICIPANTE A COMO ESPOSO: Bueno, tengo la sensación de que... siento que me estás criticando.

MARSHALL COMO ESPOSA: Así que te sientes herido y quieres que te respete y que valore lo que ofreces en nuestra relación.

PARTICIPANTE A COMO ESPOSO: Bueno, sí.

MARSHALL COMO ESPOSA: Ya veo, me hubiera gustado que hubieras dicho eso. Me hubiera gustado oírte decir: «Estoy sufriendo, me gustaría algo de reconocimiento». Pero no lo has dicho. Has dicho: «Me estás criticando». Has hecho que tuviera que respirar profundo para que no me afectaran tus palabras y no las interpretara como una crítica; por el contrario, intento entender tus sentimientos y lo que puedas necesitar.

Preferiría no tener que esforzarme tanto. Realmente, apreciaría que me dijeras lo que te está pasando.

PARTICIPANTE A COMO ESPOSO: Bueno, yo tampoco sé lo que me está pasando la mayor parte del tiempo. ¿Qué quieres de mí?

MARSHALL COMO ESPOSA: Bueno, en primer lugar, me alegra que estemos teniendo esta conversación. Quiero que sepas que espero poder darme cuenta de lo confuso que es para ti darme lo que necesito. Estoy intentando ser consciente de que para ti todo esto es nuevo y quiero ser paciente. Pero me gustaría escuchar de tus labios qué es lo que te está pasando.

PARTICIPANTE A COMO ESPOSO: Bueno, en este momento, sencillamente me alegra que me hayas dicho lo que necesitas.

MARSHALL COMO SÍ MISMO: Esta es una conversación muy típica que se repite. El hombre suele recibir quejas de la mujer.

SOBRE EL TEMA DEL MATRIMONIO

Tal vez me hayas oído decir que cuesta más relacionarse dentro del matrimonio que fuera de él, debido a todas las cosas absurdas que nos han enseñado acerca de lo que significa el «matrimonio». Me he dado cuenta de que disfruto más de la persona con la que comparto mi vida si no pienso en ella como «mi mujer», porque en la cultura en que me crie, cuando un hombre dice «mi mujer», empieza a pensar en ella como si fuera una propiedad.

La CNV utiliza un lenguaje que nos ayuda a conectar los unos con los otros, de manera que nos permite dar desde el corazón. Esto significa que, con tu pareja, no actúas porque «se supone que», «debes», «deberías», «has de». No das por un sentimiento de culpa, vergüenza, inconsciencia, miedo, obligación o deber. Creo que cuando hacemos algo por otra persona con ese tipo de energía, todos salen perdiendo. Cuando recibimos algo que encierra esa energía, sabemos que tendremos que pagar por ello, porque se hizo a expensas de la otra persona. Lo que a mí me interesa es un proceso donde podamos dar desinteresadamente desde el corazón.

¿Cómo aprendemos a dar desde el corazón de forma que dar sea como estar recibiendo? Cuando hacemos las cosas con humanidad, no creo que podamos distinguir entre el dador y el receptor. Solo cuando interactuamos juzgando, dar no resulta demasiado divertido.

APRENDER CON CUATRO PREGUNTAS

Permíteme que te sugiera que escribas algunas cosas. Te voy a hacer cuatro preguntas. Si estás casado o vives en pareja, haz como si yo fuera tu pareja o cónyuge, que te las está planteando. Si quieres centrarte en otra relación, elige alguien allegado, tal vez un buen amigo o amiga.

Como tu pareja en la CNV, te haré las cuatro preguntas que más interesan a las personas que practican esta clase de comunicación, sobre todo tipo de relaciones, pero especialmente las íntimas. Por favor, escribe tu respuesta a cada una de estas cuatro preguntas, como si te las estuviera haciendo la otra persona. [Lector: te invito a que tú también lo hagas en una hoja de papel].

La primera: «¿Puedes decirme una cosa que suelo hacer como tu pareja o amigo que hace que tu vida sea menos maravillosa?». Como practicante de la CNV, no voy a hacer o decir nada que no sea para mejorar tu vida. De modo que sería muy útil que si en algún momento hago algo que no te aporta nada bueno, me lo hagas saber. ¿Se te ocurre algo que hago —o que no hago— que te hace la vida menos agradable?

Escribe una cosa.

La segunda pregunta. Como practicante de la CNV, no solo quiero saber qué hago que no soportas, sino que para mí es importante conectar con tus sentimientos en cada momento. Para poder jugar al juego de dar a otra persona desde el corazón, es imprescindible que conozca tus sentimientos y que sea consciente de ellos. Es estimulante cuando podemos conectar con los sentimientos del otro. Mi segunda pregunta es: «Cuando hago lo que no te gusta, ¿cómo te sientes?».

Escribe tus sentimientos.

Pasemos a la tercera pregunta. Como practicante de la CNV, me doy cuenta de que nuestros sentimientos son el resultado de nuestras necesidades y de lo que sucede con ellas. Cuando satisfacemos nuestras necesidades, tenemos sentimientos que pueden considerarse «agradables»: nos sentimos felices, satisfechos, dichosos, bendecidos y contentos. Cuando no podemos cubrir nuestras necesidades, tenemos el tipo de sentimientos que acabas de anotar. Así que la pregunta tres es: «¿Qué necesidades no tienes cubiertas?».

Me gustaría que me dijeras por qué te sientes de este modo en lo que respecta a tus necesidades: «Me siento de este modo porque me hubiera gustado _____» (o «porque anhelaba, deseaba o esperaba que _____»). Escribe tus necesidades no cubiertas en este formato.

Ahora, el practicante de la CNV está expectante, porque está deseando pasar a la siguiente pregunta, que es el eje central para todas las personas que practican este tipo de comunicación. No puedo esperar a escuchar la respuesta. ¿Estáis todos preparados para la gran pregunta de la CNV?

Me doy cuenta de que estoy haciendo algo que no enriquece tu vida y que tienes ciertos sentimientos al respecto. Me has dicho las necesidades que no tienes cubiertas. Ahora, te ruego que me digas qué puedo hacer para que tus sueños más maravillosos se hagan realidad. De esto trata la comunicación no violenta: «¿Qué puedo hacer para aportar más a nuestras vidas?».

La CNV se basa en comunicar con claridad estas cuatro cosas a los demás en algún momento. Por supuesto, no siempre se trata de satisfacer nuestras necesidades. En la CNV también damos las gracias y decimos a los demás cómo han enriquecido realmente nuestra vida, diciéndoles las tres primeras cosas. Les decimos 1) lo que han hecho para enriquecer nuestra vida, 2) cuáles son nuestros sentimientos y 3) qué necesidades nuestras han quedado cubiertas gracias a sus acciones. Creo que, como seres humanos, solo hay dos cosas que solemos decir: por favor y gracias. El lenguaje de la CNV está pensado para hacer que nuestra petición y nuestro agradecimiento sean muy claros, a fin de que los demás no oigan nada que interfiera en nuestra acción de dar y recibir desde el corazón.

Crítica

Principalmente, hay dos tipos de comunicación que hacen que para las personas sea prácticamente imposible dar desde el corazón. El primero es cualquier cosa que les parezca una crítica. Si has expresado tus cuatro respuestas en lenguaje de la CNV, no debería haber términos que el oyente pudiera interpretar como una crítica. Como verás, el único momento en que hablas de la otra persona es en la primera parte, cuando mencionas su conducta. No la criticas por esa conducta, solo le estás llamando la atención respecto a ella. Las otras tres partes giran en torno a ti: tus sentimientos, tus necesidades no cubiertas y tus peticiones. Si usas alguna palabra que los demás puedan interpretar fácilmente como una crítica, intuyo que se debe a que has mezclado algo de crítica con esos cuatro ingredientes.

Por *crítica* me refiero a un ataque, juicio de valor, reproche, diagnóstico o cualquier otra cosa que analice al otro mentalmente. Si tus respuestas están en la línea de la CNV, lo más probable es que no utilices palabras que se puedan interpretar como críticas. No obstante, si la otra persona se pone las orejas de la crítica [Marshall se pone unas orejas de la crítica], oirá críticas en todo lo que digas. Esta noche aprenderemos a corregir este desastre, si sucede esto. Nuestra meta es poder hablar con todo el mundo a través de la CNV.

Coerción

El segundo bloqueo de nuestra habilidad de dar desde el corazón es que exista el menor indicio de coerción. Como practicante de la CNV, lo que pretendes es presentar las cuatro cosas que has escrito para que la otra persona las reciba como un regalo, una oportunidad, no como una exigencia o una orden. En el lenguaje de la CNV no existe la crítica o la coerción. Cuando decimos a los demás lo que queremos, lo hacemos comunicándonos con ellos: «Por favor, haz esto solo si puedes hacerlo voluntariamente. Te ruego que nunca hagas nada por mí a costa de sacrificarte tú. No hagas nunca nada por mí si en tu motivación existe un ápice de miedo, culpa, vergüenza, resentimiento o resignación. De lo contrario sufriremos ambos. Te pido que atiendas mi petición solo si lo haces de corazón, sintiendo que para ti es un regalo darme». Solo cuando ninguno de los dos siente que está perdiendo, cediendo o rindiéndose, ambos se benefician de la acción.

Recibir desde el corazón

En la CNV hay dos partes principales: la primera es la habilidad de expresar esas cuatro preguntas y transmitírselas a la otra persona sin que esta sienta que está siendo criticada o coaccionada. La segunda es que la otra parte tiene que aprender a recibir esos cuatro datos de los demás, tanto si estos hablan en el lenguaje de la CNV como si no. Si la otra persona habla en CNV, la vida será mucho más fácil. Esa persona dirá estas cuatro cosas con claridad y nuestro trabajo será recibir correctamente antes de reaccionar.

No obstante, si la otra persona habla en términos de crítica, tendremos que ponernos las «orejas de la CNV». [Risas mientras Marshall se pone un par de orejas de la CNV]. Las orejas de la CNV nos sirven de traductor: no importa qué lenguaje hable la otra persona, cuando las llevamos puestas, solo oímos CNV. Por ejemplo, la otra persona dice: «El problema contigo es _____», pero con las orejas de la CNV, yo oigo: «Lo que me gustaría es _____». No oigo críticas, juicios de valor o ataques. Con estas orejas puestas, me doy cuenta de que toda crítica es una expresión patética de una necesidad no cubierta, patética porque generalmente no sirve para que la persona consiga lo que necesita y, por el contrario, provoca todo tipo de tensiones o problemas.

Con la CNV, nos saltamos todo eso. Jamás oímos una crítica, solo necesidades no cubiertas.

Escuchar y responder en CNV

Ahora vamos a practicar escuchar en CNV cuando las personas hablan criticando. Me gustaría que algunos participantes se ofrecieran para representar sus situaciones, así todos aprenderíamos de ellas. Si leéis lo que habéis escrito, veremos si habéis respondido en CNV o si habéis empleado algo de lenguaje crítico.

La primera pregunta: «¿Cuál de las cosas que hago hace que tu vida sea menos maravillosa?».

PARTICIPANTE B: Parece que no escuchas.

MARSHALL: «Parece». En este mismo instante puedo decirte que no estás respondiendo la pregunta en CNV. Cuando dices «parece», sé que lo que sigue es un diagnóstico. «Parece que no escuchas» es un diagnóstico. ¿Has oído decir alguna vez a una persona «no escuchas», y a la otra responder «¡sí lo hago!». «¡No, no escuchas!». «¡Sí, sí que escucho!»? ¿Lo ves? Esto es lo que sucede cuando empezamos con una crítica, en vez de una observación.

MARSHALL COMO PAREJA: Dime qué hago que te hace pensar que no te estoy escuchando. Estoy leyendo el periódico y mirando la televisión mientras hablas, pero te oigo.

PARTICIPANTE B: Te observo mirando la televisión.

MARSHALL COMO SÍ MISMO: Si tu pareja no escuchara a través de la CNV, en este mismo instante se sentiría atacada. Pero como tu pareja lleva las orejas de la CNV, no interpreta crítica alguna, solo adivina la conducta a la que estás reaccionando.

MARSHALL COMO PAREJA: ¿Estás reaccionando al hecho de que estoy mirando la televisión mientras me hablas?

PARTICIPANTE B: Sí.

MARSHALL COMO PAREJA: ¿Cómo te sientes cuando estoy mirando la televisión cuando me hablas?

MARSHALL COMO SÍ MISMO: [En un comentario aparte a la participante]. Y no respondas: «¡No me siento escuchada!». Eso no es más que otra manera astuta de lanzar otra crítica.

PARTICIPANTE B: Me siento frustrada y herida.

MARSHALL COMO SÍ MISMO: ¡Ahora lo estamos consiguiendo!

MARSHALL COMO PAREJA: ¿Podrías decirme por qué te sientes así?

PARTICIPANTE B: Porque quiero sentirme valorada.

MARSHALL COMO SÍ MISMO: ¡Típico de la CNV! Observa que ella no ha dicho: «Me siento frustrada y herida, porque miras la televisión». No me está culpando por sus sentimientos, sino que los atribuye a sus propias necesidades: «Me siento _____ porque _____». Por otra parte, las personas que juzgan lo expresarían de este modo: «Me haces daño cuando miras la televisión mientras te hablo». En otras palabras: «Me siento _____ porque _____».

Ahora la cuarta pregunta: «¿Qué te gustaría que hiciera para mejorar tu vida?».

PARTICIPANTE B: Cuando estamos conversando apreciaría que me miraras a los ojos y que me repitieras lo que has entendido.

MARSHALL COMO SÍ MISMO: Muy bien. ¿Ha oído todo el mundo las cuatro preguntas? «Cuando miras la televisión mientras te estoy hablando, me siento frustrada y herida, porque realmente me gustaría sentirme valorada o que prestaras atención a lo que te estoy diciendo. ¿Estarías dispuesto a mirarme a los ojos, a repetir lo que te he dicho y a darme la oportunidad de corregir si no era eso lo que yo quería decir?».

Ahora bien, la otra persona puede interpretarlo como una crítica y querer defenderse: «Ya te escucho, te escucho mientras miro la televisión». O si lo ha interpretado como una exigencia, puede que haga esto: [¡Suspiro!]. «¡Vale!». Esto nos indica que no lo ha interpretado como una petición, como una oportunidad para contribuir a nuestro bienestar. Lo ha entendido como una exigencia que puede que acate, pero si lo hace, desearás que no lo hubiera hecho, porque lo hará para evitar que te enfades. No lo hará para hacer que tu vida sea mejor, sino para evitar que sea un asco.

Esta es la razón por la que el matrimonio es tan difícil. A muchos nos han enseñado que el amor y el matrimonio implican renunciar a uno mismo en favor de la otra persona. «Si la amo, he de hacer esto, aunque no quiera hacerlo». Así que lo hará, pero desearás que no lo hubiera hecho.

PARTICIPANTE B: Porque el otro siempre se lo recordará.

MARSHALL COMO SÍ MISMO: Sí, este tipo de personas tienen mentalidad de ordenador: te dirán lo que sucedió hace doce años, cuando hicieron ese sacrificio renunciando a sí mismas. Siempre termina saliendo de un modo u otro. «¡Después de todas las veces que he hecho cosas por ti cuando no quería hacerlas, lo menos que puedes hacer es _____!». Oh, sí, eso no lo olvidará nunca, no te preocupes, son excelentes estadistas.

JUEGO DE ROLES

Oír una exigencia

PARTICIPANTE C: ¿Cómo responde un practicante de la CNV cuando una persona dice: «Puedo escucharte y ver la tele al mismo tiempo»?

MARSHALL COMO PRACTICANTE: ¿Te ha molestado porque has notado presión y te gustaría que no existiera esa presión?

PARTICIPANTE C: ¡Por supuesto! Siempre estás con exigencias. ¡Dios mío! ¡Te exijo esto, te exijo aquello!

MARSHALL COMO PRACTICANTE: Estás agotado por mis exigencias y ¿te gustaría hacer las cosas porque quieres hacerlas, no porque te sientes presionado?

PARTICIPANTE C: Exactamente.

MARSHALL COMO PRACTICANTE: Ahora, me siento muy frustrado porque no sé cómo comunicarte lo que me gustaría hacer sin que lo percibas como una exigencia. Solo conozco dos opciones: no decir nada y no satisfacer mis necesidades o decirte lo que me gustaría y que tú lo interpretes como una exigencia. Sea como fuere, el que siempre pierde soy yo. ¿Podrías repetir lo que te acabo de decir?

PARTICIPANTE C: ¿Eh?

MARSHALL COMO SÍ MISMO: Esto confunde mucho a las personas que no están en la CNV. Han crecido en un mundo coercitivo. Puede que sus padres pensaran que la única forma de conseguir que hicieran algo era castigándolas o haciéndolas sentir culpables. Tal vez no conozcan ninguna otra cosa. No conocen la diferencia entre una petición y una exigencia. Están convencidas de que si no hacen lo que quiere el otro, las van a culpabilizar o a amenazar. Para mí, como practicante, no es fácil ayudar a esa persona a que entienda que mis peticiones son un regalo, no una exigencia. Sin embargo, cuando lo conseguimos, nos ahorramos años de infelicidad, porque toda petición se convierte en desdicha cuando no se escucha con las orejas de la CNV.

MARSHALL COMO PRACTICANTE: Me gustaría saber cómo puedo pedirte lo que necesito sin que te parezca que te estoy presionando.

PARTICIPANTE C: No lo sé.

MARSHALL COMO PRACTICANTE: Me alegra que aclaremos esto, porque es mi dilema: no sé cómo transmitirte lo que necesito sin que tú inmediatamente interpretes que lo tienes que hacer o que te estoy forzando a hacerlo.

PARTICIPANTE C: Bueno, sé cuánto significa esto para ti, y... si amas a alguien, haces lo que esta persona te pide.

MARSHALL COMO PRACTICANTE: ¿Podría tratar de guiarte para que cambiaras tu definición de amor?

PARTICIPANTE C: ¿Por cuál?

MARSHALL COMO PRACTICANTE: El amor no significa negarnos a nosotros mismos para complacer a los demás, sino expresar con sinceridad nuestros sentimientos y necesidades, y recibir con empatía los sentimientos y necesidades de la otra persona. Recibir con empatía no significa que tengas que acatar, tan solo recibir correctamente lo que ha sido expresado como un regalo que te ha hecho la vida, a través de la otra persona. Amar es expresar tus necesidades con sinceridad, no se trata de exigir, sino de decir sencillamente *aquí estoy, esto es lo que me gustaría*. ¿Qué te parece esta definición de amor?

PARTICIPANTE C: Si estoy de acuerdo con esto, me convertiré en otra persona.

MARSHALL COMO PRACTICANTE: Sí, eso es cierto.

Hazme callar si hablo «demasiado»

MARSHALL: ¿Y si ponemos otra situación?

PARTICIPANTE D: A veces, la gente dice: «Quiero que te calles, no quiero oír nada más», cuando ya no puede más. En una situación en que la otra persona habla demasiado...

MARSHALL: Si practicas la CNV, no tienes la palabra *demasiado* en tu vocabulario. Pensar que existe algo que pueda ser «demasiado», «lo justo» o «demasiado poco» supone albergar conceptos peligrosos.

PARTICIPANTE D: Ayer tarde te oí decir a ti y a los otros formadores que, de vez en cuando, has de callarte para darle a la otra persona la oportunidad de responder.

MARSHALL: «¿Has de?».

PARTICIPANTE D: No, no «has de». Me refiero a que «sería una buena idea».

MARSHALL: Sí, sabes que no has de hacerlo, porque ha habido muchos momentos en tu vida en los que no lo has hecho. [Risas].

PARTICIPANTE D: Bueno, me gustaría recibir algún tipo de señal de mi amigo...

MARSHALL: ¿Cuando este haya oído una palabra más de las que quiere oír?

PARTICIPANTE D: Correcto.

MARSHALL: Lo más amable que podemos hacer es interrumpir a la persona cuando estamos oyendo más palabras de las que deseamos. Observa la diferencia: no es «cuando hablan demasiado». Digo «lo más amable» porque he preguntado a varios cientos de personas: «Si usas más palabras de las que alguien quiere oír, ¿deseas que el otro finja que te está escuchando o prefieres que te interrumpa?». Todo el mundo, salvo una persona, respondió claramente: «Quiero que me interrumpan». Solo hubo una mujer que dijo que no sabía cómo reaccionaría a que la interrumpieran.

En la CNV, sabemos que ser amable no significa sonreír a tu interlocutor y abrir bien los ojos para ocultar el hecho de que hace rato que tu cabeza ha desconectado. Eso no ayuda a nadie, porque la persona que tienes delante se convierte en una fuente de estrés y presión, y a nadie le interesa eso. Nosotros queremos que cada acto y palabra que salga de su boca sirva para enriquecerte. Entonces, cuando eso no sucede, sé amable e interrumpe.

Ahora bien, tardé un poco en tener el valor suficiente para poner esto a prueba, porque en la cultura de la dominación en la que me he educado, eso no se hace. Recuerdo cuando me arriesgué a hacerlo por primera vez en un acto social. Estaba trabajando con profesores en Fargo, Dakota del Norte, y me invitaron a una reunión informal, donde todo el mundo hablaba. A los diez minutos, mi energía dio un tremendo bajón. No entendía el alma de la conversación o qué sentía o deseaba la gente. Uno decía: «Ah, ¿sabes qué hicimos en vacaciones?», y se ponía a hablar de sus vacaciones. Entonces, otro se ponía a hablar de las suyas.

Tras escuchar un rato, hice acopio de valor y dije: «Perdón, me estoy impacientando con la conversación porque, a decir verdad, no me siento conectado con vosotros como me gustaría. Me gustaría saber si estáis disfrutando de la charla». Si era así, intentaría encontrar la manera de disfrutar yo también; pero las nueve personas dejaron de hablar y me miraron como si hubiera puesto una rata en el cuenco del ponche.

Durante un par de minutos, deseé que me tragara la tierra, pero luego recordé que nunca es la respuesta que recibo lo que me hace sentir mal. Puesto que me sentía mal, sabía que llevaba puestas mis orejas de la crítica y que pensaba que había dicho algo malo. Después de ponerme mis orejas de CNV, pude ver los sentimientos y necesidades que se expresaban a través del silencio y dije: «Intuyo que estáis enfadados conmigo y que hubierais preferido que me hubiera mantenido al margen de la conversación».

En el momento en que centro mi atención en lo que siente y necesita otro, ya me estoy sintiendo mejor. Si me centro en eso, le quito el poder a la otra persona para desmoralizarme, para deshumanizarme o para hacerme sentir como un PPMF (pobre protoplasma mal formado). Esto es así incluso cuando me equivoco, como fue el caso. Solo porque llevo las orejas de la CNV no significa que siempre acierte. Imaginé que estaban enfadados, pero no era así.

La primera persona que habló me dijo: «No, no estoy enfadado. Solo estaba pensando en lo que has dicho. —Entonces, añadió—: Me *aburría* la conversación». ¡Y era el que llevaba la voz cantante! Pero esto ya no me sorprende, me he dado cuenta de que si estoy aburrido la persona que está hablando tal vez también lo esté. Por lo general, implica que no hablamos desde la vivencia: en dicha conversación, en vez de estar conectados con nuestros sentimientos y necesidades, estábamos utilizando hábitos sociales aprendidos de aburrirnos mutuamente. Si eres un ciudadano de clase media, probablemente estés muy acostumbrado a ello, aunque ni siquiera lo sepas.

Recuerdo al humorista Buddy Hackett cuando dijo que hasta que no estuvo en el ejército no descubrió que podía levantarse de la mesa sin tener ardor de estómago. Estaba tan acostumbrado a la forma de cocinar de su madre que la acidez estomacal se había convertido casi en una forma de vida. Igualmente, la mayoría de las personas de clase media están tan habituadas al aburrimiento que se ha convertido en su forma de vida. Se reúnen a hablar desde la mente; no hay vida en sus palabras, pero es lo único que conocen. Están muertos y no se han enterado.

Cuando fueron hablando todos los componentes del grupo, cada uno de los nueve expresó los mismos sentimientos que yo había sentido: impaciencia, arrepentidos de estar allí, sin vida, inertes.

—Marshall, ¿por qué hacemos esto? —preguntó una de las mujeres.

—¿Hacemos qué?

—Sentarnos a aburrirnos el uno al otro. Tú solo estás aquí esta noche, pero nosotros nos reunimos cada semana y ¡hacemos esto!

—Porque probablemente no hemos aprendido a asumir el riesgo que acabo de asumir yo, que ha sido prestar atención a nuestra vitalidad. ¿Estamos obteniendo realmente lo que queremos de la vida? Si no es así, hagamos algo. Cada momento es precioso, demasiado valioso. Así que cuando nuestra vitalidad baje, hagamos algo para despertarla —les dije.

«¿Qué esperas de mí?»

PARTICIPANTE E: Marshall, estaba pensando en que las mujeres, a veces, vamos con nuestros maridos en el coche y decimos: «Oh, ¿no te parece bonita esa casa?» o «Mira ese lago, allí es donde quiero ir». Ellos piensan que nos tienen que comprar esa casa o llevarnos a ese lago enseguida, pero aunque parezcamos entusiasmadas, no estamos pidiendo nada, solo pensamos en voz alta.

MARSHALL: Ahora, quisiera defender a los hombres, y no solo a los hombres. Cuando dices algo y no aclaras qué es lo que quieres del otro estás causando más sufrimiento en la relación de lo que puedes llegar a imaginar. Los demás tienen que adivinar: «¿Querrá que le diga algo bonito y superficial respecto a esa cosa o está intentando decirme algo más?».

Es como el caballero que estaba sentado junto a su esposa en el trenecito del aeropuerto de Dallas que conecta las terminales. Yo me senté enfrente de ellos. El tren iba muy lento y el hombre se dirigió a su esposa muy agitado y le dijo: «Nunca he visto un tren más lento en toda mi vida». Os dais cuenta de que esto se parece a: «¿No te parece una casa interesante?». ¿Qué es lo que quería ella con esa pregunta? ¿Qué es lo que pretende él? Él no era consciente del sufrimiento que crea a la otra persona hacer este tipo de comentarios y no expresar claramente qué es lo que esperamos que haga el otro. Es jugar a las adivinanzas. Pero para saber lo que pretendes con tus palabras has de ser consciente del momento presente, de estar plenamente presente aquí y ahora. No dijo nada más: «Nunca he visto un tren más lento en toda mi vida».

Al estar sentado enfrente de ellos, me pude dar cuenta de que ella se sentía incómoda: un ser querido está molesto y ella no sabe qué es lo que quiere. Así que hizo lo que hacemos la mayoría cuando no sabemos lo que alguien quiere de nosotros: no dijo nada.

Entonces, él hizo lo que hacemos la mayoría cuando no conseguimos lo que queremos: repitió lo que había dicho, como si, por arte de magia, por repetirlo fuera a conseguir lo que quería. No nos damos cuenta de que eso desconcierta a los demás. Así que volvió a decir: «¡Nunca he visto un tren más lento en toda mi vida!».

Me encantó la respuesta de ella: «Están programados electrónicamente». No creo que fuera eso lo que él esperaba. ¿Por qué tenía que darle información que ya conocía? Porque intentaba arreglar las cosas, aliviar la situación. No sabía qué hacer y él había contribuido a su malestar al no decirle lo que quería.

Y volvió a repetir: «¡Nunca he visto un tren más lento en toda mi vida!». Hasta que ella le respondió: «¿Y qué quieres que haga yo?».

Lo que él quería es lo que queremos todos cada día, y cuando no lo conseguimos, tiene un efecto significativo en nuestra moral. Lo queremos a diario, normalmente más de una vez al día, y cuando no lo conseguimos, pagamos un alto precio por ello. La mayor parte de las veces que lo queremos, no somos conscientes de ello, y aunque lo seamos, no sabemos cómo pedirlo. Es una tragedia.

Estoy seguro de que lo que deseaba era empatía. Quería una respuesta que le indicara que ella entendía sus sentimientos y necesidades.

Si hubieran estudiado CNV, su conversación se habría parecido a esto:

ESPOSO: ¡Madre mía, nunca he visto un tren más lento en toda mi vida! ¿Puedes confirmarme ahora que entiendes cómo me siento y qué necesito?

ESPOSA: Supongo que esto te está sacando de quicio y que desearías que estos trenes funcionaran de otro modo.

ESPOSO: Sí, pero lo peor es que sabes que si no llegamos a tiempo a nuestro destino, se nos hará tarde, y es posible que tengamos que pagar más por nuestros billetes.

ESPOSA: Lo que te pasa es que tienes miedo y quieres llegar allí a tiempo, para evitar tener que pagar más.

ESPOSO: Sí. [Suspiro].

Cuando estamos sufriendo, es sumamente valioso tener a otra persona que nos entienda. Es increíble cómo cambia la situación cuando alguien nos presta atención con amabilidad. No resuelve nuestro problema, pero nos aporta el tipo de conexión que hace que resolverlo sea más llevadero. Si no lo conseguimos, como le pasó a él, los dos acaban sufriendo más que al principio.

Asuntos de comida

PARTICIPANTE F: Marshall, ¿puedo compartir algo que sucedió anoche? Estaba disgustada porque mi marido no podía estar aquí en la segunda noche de este taller.

Llegué a casa a las once de la noche, y me llamó a eso de las once y cinco desde el motel. Le conté lo que había sucedido en la clase y lo que se había perdido: el grupo había hablado de temas de comida, que eran importantes, porque soy una comedora compulsiva. Mi esposo y yo hemos llegado a un extremo en que él no quiere tratar este tema conmigo porque considera que me estoy matando. Es un tema tan doloroso para él que no quiere ni oír hablar de ello.

Le hablé de la sugerencia que nos habías hecho y de lo que había pasado en el taller, y se abrió por primera vez en años. Normalmente, cuando vuelve a casa después del trabajo, se come un helado para afrontar las emociones que tiene después de un mal día dando clases; de ese modo, podemos brindarnos empatía mutuamente respecto a comer para silenciar el sufrimiento. Pero ayer conecté, lo hice de verdad. A mí me apetecían unas almendras mocha,* así que me imaginé el chocolate y su crujiente contenido. Y pensé: «¿Qué es lo que estoy buscando?». ¡Amor! Por fin se me encendió la bombilla: lo que estoy buscando es amor.

MARSHALL: Querías estar más conectada con él. Y en el pasado, al no saber cómo reclamar esta conexión, puede que adoptara la forma de las almendras mocha.

PARTICIPANTE F: ¡Sí, fue fantástico! Hablamos casi una hora. Creo que es la primera vez que se abre y que no será la última.

MARSHALL: ¡Así que durante dos noches seguidas habéis estado realmente conectados! Ahora vamos a hacer que

---

* N. de la T.: Almendras recubiertas de chocolate semiamargo, cacao y un toque de café.

hables el lenguaje de la CNV contigo misma, sin que tan siquiera llegues a plantearte que eres una «comedora compulsiva». No puedes decir esas palabras en la CNV, porque en este lenguaje no hay críticas. Recuerda que todos los juicios de valor son expresiones desafortunadas de otras cosas. La CNV es un proceso. Cuando decimos algo respecto a nosotros mismos como «yo soy _____», es pensamiento estático, nos pone en una caja y nos conduce a las profecías autocumplidas. Cuando pensamos que nosotros (u otra persona) *somos* algo, solemos actuar de forma que eso suceda. En la CNV no existe el verbo *ser*, no puedes decir: «Esta persona es perezosa», «Esta persona es normal», «Esta persona es poseedora de la verdad». Vamos a traducir «comedora compulsiva» al lenguaje de la CNV. Utilizad las cuatro cosas que habéis trabajado aquí esta tarde.

PARTICIPANTE F: «Cuando como para satisfacer mi necesidad de ser amada o acariciada...».

MARSHALL: «¿Cómo me siento?».

PARTICIPANTE F: «Siento que la comida me calma de un modo que...».

MARSHALL: «¿Me siento desmotivada?».

PARTICIPANTE F: «Me siento desmotivada porque realmente no estoy cubriendo mis necesidades».

MARSHALL: «Me siento desmotivada porque realmente quiero tener claro cuáles son mis necesidades para poder satisfacerlas».

PARTICIPANTE F: Sí, es cierto.

MARSHALL: Quiero hacer lo que hicimos la otra noche Bill y yo por teléfono. Ahora, cuando siento ese impulso, me detengo y me pregunto: «¿Qué necesito realmente?».

¿Ves cómo hemos traducido el juicio de valor «soy una comedora compulsiva» en «cómo me siento, cuáles son mis necesidades y qué quiero hacer al respecto»? Así es como utilizamos el lenguaje de la CNV con nosotros mismos.

«Cuando como porque necesito otra cosa...». Esta es la primera parte, la observación de lo que ella ve que está haciendo. En segundo lugar, revisa su sentimiento: «Me siento desmotivada». En tercer lugar: «Mi necesidad no cubierta es conectar con lo que necesito realmente para ver cómo puedo conseguirlo». Y por último, en cuarto lugar: «¿Qué quiero hacer al respecto para que mi gran sueño se haga realidad? Cuando me doy cuenta de que quiero comer, me pregunto: "¿Qué es lo que realmente necesito?". Entonces conecto con eso que tanto necesito».

Ahora, ella ya no está pensando en lo que es, está más conectada con un proceso activo. Tal vez no resuelva el problema, pero acabará encontrando la solución a través de ese mismo problema, porque ya no piensa en lo que es. Está pensando en lo que siente y desea, y en lo que va a hacer para conseguirlo. Como practicante de la CNV, jamás te consideres una «persona que vale la pena». Si piensas eso, pasarás una considerable cantidad de tiempo preguntándote si realmente es así. Los practicantes de la CNV no dedican su tiempo a pensar en qué tipo de personas son, piensan momento a momento, no «¿qué es lo que soy?», sino «¿cómo se manifiesta la vida en mi interior en este momento?».

Descubrir lo que queremos

PARTICIPANTE G: A veces, queremos hacerlo todo nosotros y no nos planteamos lo bien que nos sentiríamos si alguien hiciera algo por nosotros. Cuando estabas hablando con la participante F, pensaba en lo maravilloso que era conectar con las propias necesidades. Hay momentos en que no sé lo que necesito y me desanimo.

MARSHALL: La mayoría no sabemos lo que queremos. Solo cuando conseguimos algo que nos complica la vida sabemos que no era eso lo que queríamos. Por ejemplo, me apetece un cucurucho de helado, me lo compro, me lo como y me sienta fatal; entonces me doy cuenta de que no era lo que quería.

Para un practicante de la CNV, no se trata de saber lo que está bien o lo que está mal. Usar el lenguaje de la vida exige valor y elegir lo que deseas basándote más en la intuición que en el pensamiento. Supone estar conectado con las necesidades que aún no has satisfecho y saber qué quieres hacer al respecto.

PARTICIPANTE G: Me doy cuenta de que soy un gran *hacedor*.

MARSHALL: Te acabas de etiquetar.

PARTICIPANTE G: Lo que quiero decir es que me gusta conectar con la gente haciendo algo por ella. A veces, me encuentro con personas que no esperan eso de mí y me siento muy bien ayudándolas. Sin embargo, otras veces, me pregunto si realmente quieren recibir, pero no me lo van a permitir.

Cuando los otros no recibirán

MARSHALL: Probablemente sea porque toda su vida han tenido personas que les han hecho las cosas y luego les han enviado la factura. Están asustadas, por eso tampoco confían en ti. No saben que existe otra forma de dar, que quienes dan, no por interés propio, sino porque disfrutan dando de corazón.

PARTICIPANTE G: Me sabe mal no haber sido capaz de comunicarles que yo solo quería dar desinteresadamente. Tal vez pueda decirles: «Me da pena que no me des la oportunidad de dar algo de mí mismo».

MARSHALL: Si te quedas ahí, volvemos al caso del hombre del tren.

PARTICIPANTE G: ¿Y si añado: «¿Estás dispuesto a decirme si estás dispuesto a darme una oportunidad?»?

MARSHALL: Muy bien, me alegro de que entendieras esa parte. Te da pena que no te dé la oportunidad de ayudarla, te gustaría que recibiera y que se sintiera cómoda haciéndolo.

PARTICIPANTE G: Correcto, es realmente simple.

«¿Estamos discutiendo?»

PARTICIPANTE H: Me frustro cuando intento hablar con mi novia, porque me dice que no quiere discutir. Siempre que trato de expresar mis sentimientos y necesidades, se lo toma como si fuera una discusión. Me dice que no quiere discutir delante de su hijo (que siempre está presente).

MARSHALL: Oh, sí, esta es una situación difícil. Si la gente interpreta que estamos intentando discutir, pensará que estamos intentando ganar. No será fácil convencerla de lo contrario, porque las personas que tienen una mentalidad crítica no son muy hábiles expresando sentimientos y deseos sin señalar a un culpable.

PARTICIPANTE H: Pero lo peor es que piensa que estoy discutiendo, aun cuando lo que intento es demostrarle mi empatía. Cuando pruebo a adivinar sus sentimientos y deseos, lo interpreta como una «discusión».

MARSHALL: No quiere que la juzgues. Teme que si reconoce lo que dices o se permite ser vulnerable, vas a atacarla y a decirle que está mal tener esos sentimientos y deseos.

PARTICIPANTE H: Bueno, según ella, la razón por la que no desea tratar este tema es porque solo quiere las partes bonitas de la vida, y no quiere saber nada de los asuntos desagradables.

MARSHALL: Sí, la vida está llena de cosas desagradables, ¿por qué hablar de esos temas?

PARTICIPANTE H: Sí, es cierto.

MARSHALL: Eso es lo mismo que dijo mi padre en el primer taller al que asistió. Es un mensaje encantador, si lo contemplas de este modo. Pero cuando tuvo claro por primera vez, por parte de todos los participantes del grupo, el regalo que supondría para ellos sentir el sufrimiento de su padre si este pudiera expresarlo –pensar en sus sentimientos y necesidades como un regalo– fue abrumador para él. Desde entonces, ha experimentado muchos cambios radicales.

No cabe duda de que hay muchas personas que piensan que hablar de sentimientos dolorosos es una experiencia negativa y desagradable, porque lo asocian a la culpa, al castigo y a todo tipo de cosas. No lo contemplan como una parte de la danza de la CNV e ignoran lo hermoso que puede ser hablar de esos sentimientos. Cuando escribí la primera edición de mi libro, incluí una lista de sentimientos positivos y otra de negativos.

Entonces me di cuenta de que la gente piensa que los sentimientos negativos son negativos. Puesto que eso no era lo que yo quería, en la siguiente edición, puse las palabras «positivo» y «negativo» entre comillas, pero me seguía pareciendo que eso no ayudaba. Ahora escribo «sentimientos presentes cuando se cubren nuestras necesidades» y «sentimientos presentes cuando no se cubren nuestras necesidades», para demostrar lo valiosos que son ambos, porque los dos hablan sobre la vida. Así que tenemos que trabajar un poco para convencer a tu novia de ello.

MARSHALL COMO LA NOVIA: Mira, no me apetece discutir. La vida ya es bastante triste. ¿Por qué no podemos pasar la noche en paz viendo la televisión y disfrutando el uno del otro?

PARTICIPANTE H COMO PRACTICANTE: Estás irritable...

MARSHALL COMO LA NOVIA: ¡Ya estamos otra vez! ¡Siempre hablando de sentimientos!

PARTICIPANTE H COMO SÍ MISMO: [Silencio]. Oh, oh.

MARSHALL COMO SÍ MISMO: [Respondiendo a las risas del público]. ¡Así que queréis ver sufrir a este canalla!

MARSHALL COMO LA NOVIA: ¡No lo soporto cuando te pones así! [Entonces, ella se va a otra habitación y da un portazo].

PARTICIPANTE H COMO SÍ MISMO: Lo más habitual es que me dedique unas cuantas palabras y que yo me quede fuera de combate para la cuenta atrás. [Risas].

MARSHALL COMO SÍ MISMO: ¡La cuenta atrás! Vale, tú haces el papel de ella y dices esas palabras.

MARSHALL COMO PRACTICANTE: Luego es verdad que quieres hablar...

PARTICIPANTE H COMO LA NOVIA: ¡Para! ¡Para! No me saques esto a relucir, porque no me gusta.

MARSHALL COMO PRACTICANTE: Me siento muy desmotivado porque...

PARTICIPANTE H COMO LA NOVIA: ¿Por qué no puedes ser el chico encantador que me gusta, ese con el que paso un buen rato? ¡Seamos buenos y olvidémonos de este tema!

MARSHALL COMO PRACTICANTE: ¿Lo que quieres es que tengamos una velada tranquila y sin incidentes, solo disfrutando el uno del otro?

PARTICIPANTE H COMO LA NOVIA: Sí.

MARSHALL COMO PRACTICANTE: A mí también me gusta esa parte de la relación, pero creo que llegará cuando hayamos hablado de todo. Quiero reírme todo lo que me tenga que reír y llorar todo lo que tenga que llorar, y si evito la mitad del lote, me doy cuenta de que la otra mitad también desaparece. Eso es importante. ¿Puedes decirme lo que has entendido?

PARTICIPANTE H COMO LA NOVIA: Ya estás otra vez queriendo hablar de sentimientos y deprimiéndote. ¡No quiero hablar de ello!

MARSHALL COMO PRACTICANTE: Luego ¿realmente tienes miedo de caer en esos sentimientos depresivos y quieres mantenerte alejada de ellos?

PARTICIPANTE H COMO LA NOVIA: Sí, además, esta noche, con mi hijo en casa, no quiero que discutamos.

MARSHALL COMO PRACTICANTE: ¿Tienes miedo de que discutamos?

PARTICIPANTE H COMO LA NOVIA: ¡Por favor, basta!

MARSHALL COMO PRACTICANTE: ¿Qué te parece que prosigamos con esto cuando él no esté aquí?

PARTICIPANTE H COMO LA NOVIA: Sí, puedes venir a buscarme y vamos a comer fuera, si te parece. [A la hora del almuerzo].

MARSHALL COMO PRACTICANTE: Quiero enseñarte un sistema para que los sentimientos sean muy positivos, independientemente de cuáles sean.

PARTICIPANTE H COMO NOVIA: No quiero oír hablar del tema. ¿Has vuelto a ir a uno de esos talleres? [Risas]. Quiero concentrarme en las cosas positivas de la vida. No quiero desenterrar sentimientos dolorosos. Solo quiero disfrutar de lo bueno.

MARSHALL COMO PRACTICANTE: ¿Realmente quieres disfrutar de la vida y no quedarte en un pozo hablando de cosas negativas?

PARTICIPANTE H COMO NOVIA: Sí, no quiero eso en mi vida. ¿Sabes lo que le ha pasado hoy a Emily? Fue a buscar a su hijo y no lo encontró por ninguna parte. Primero pensó que se habría ido a casa con su vecino, pero luego se encontró a uno de los hijos de los vecinos y le dijo que había visto a su hijo saliendo de la escuela y marchándose con un hombre, un desconocido. Bueno, te puedes imaginar cómo se puso Emily, especialmente después de lo que le pasó al hijo de su hermana hace dos años. ¿Te acuerdas? Creo que te lo conté cuando su hermana vino a verla y...

MARSHALL COMO PRACTICANTE: Perdona que te interrumpa. ¿Estás diciendo que es una experiencia terrorífica escuchar que suceden cosas como esta?

MARSHALL COMO SÍ MISMO: ¿Te has dado cuenta de lo que he hecho? La novia estaba usando más palabras de las que yo estaba dispuesto a escuchar y mi energía estaba empezando a caer. Así que la interrumpí al estilo de la CNV para conectar con los sentimientos que encerraban sus palabras en ese momento. No pretendo quitarle la palabra a la otra persona, sino volver a infundir vida a la conversación. Como ya he dicho, intuyo que si yo me aburro, también se aburre la otra persona, así que estoy haciendo un servicio al otro y a mí mismo.

MARSHALL COMO PRACTICANTE: ¿Me estás diciendo que se trataba de una historia real escalofriante?

PARTICIPANTE H COMO NOVIA: Sí, podía haber salido a la calle y...

MARSHALL COMO PRACTICANTE: Lo que te da miedo es ver lo cerca que estamos todos de perder la vida en cada momento.

PARTICIPANTE H COMO NOVIA: No empieces con eso de nuevo. Solo estaba en la calle, y entonces su madre fue a buscarlo...

MARSHALL COMO PRACTICANTE: Perdona que te vuelva a interrumpir. Me estoy impacientando, porque no veo la conexión con la conversación que estaba esperando que tuviéramos.

PARTICIPANTE H COMO NOVIA: Vale, pero he de marcharme. Tengo que ir a buscar a mi hijo. La escuela va a cerrar...

MARSHALL COMO PRACTICANTE: Me gustaría que me dijeras si tienes algún interés en que continuemos con nuestra relación.

PARTICIPANTE H COMO NOVIA: Claro, sabes que te quiero mucho y que quiero estar contigo.

MARSHALL COMO PRACTICANTE: Realmente, no sé cómo continuar con esta relación, porque hay ciertas cosas que yo necesito en una pareja y que no estoy obteniendo, como la habilidad de hablar de ciertos sentimientos. Si eso difiere de lo que tú esperas de una relación, me gustaría que me lo aclararas para que podamos romper en el lenguaje de la CNV.

PARTICIPANTE H COMO NOVIA: [De pronto habla al estilo de la CNV]. Entonces, ¿estás verdaderamente frustrado porque quieres expresar tus sentimientos y tus necesidades?

MARSHALL COMO PRACTICANTE: Eso es lo que quiero, pero no sé qué es lo que tú necesitas en una relación personal.

MARSHALL COMO SÍ MISMO: Hay personas que quieren mantener las cosas en ese nivel, y están en su derecho de buscar a alguien que quiera quedarse allí con ellas. Pero nunca he conocido a nadie que realmente lo hiciera. Con frecuencia, albergan la idea errónea de que quiero que empiecen a recordar cosas dolorosas de su pasado. En general, consigo enseñarles la diferencia entre lo que ellas creen que estoy diciendo y lo que realmente estoy diciendo. Con esta novia en particular, tendría que ser muy astuto para conseguirlo, porque no me dejaba mucho espacio.

Oír no

PARTICIPANTE I: Sé que la CNV se basa en descubrir mis necesidades y pedir lo que necesito, pero eso no funciona con mi novio. Si empiezo a pedirle lo que quiero, se enfadará y se sentirá muy ofendido. Entonces le diré que se comporte o, tal vez, desearé no haber mencionado nada de esto.

MARSHALL: Es increíble cómo oír esta palabra transforma a las personas en bestias. Las convierte en bestias y convierte en bestia al que la dice. Es muy corta: solo tiene dos letras. ¿Puede alguien adivinar cuál es?

MUCHOS PARTICIPANTES: ¡No!

MARSHALL: Sí. Es sorprendente el miedo que le tiene la gente a esta palabra hasta el extremo de que no se atreve a pedir lo que desea, porque ¿y si la otra persona se niega? Yo les digo que no es el *no* lo que les preocupa, y me dicen: «Sí, lo es. Me da mucho miedo». El problema nunca está en el *no*, sino en la historia que nos montamos cuando la otra persona pronuncia esa palabra. Si nos decimos que es un rechazo, es un problema, porque duele. Rechazo, ¡ug! Por supuesto, si tenemos puestas las orejas de la CNV, jamás oiremos un *no*. Seremos conscientes de que un *no* no es más que una forma chapucera de expresar lo que deseamos. No oímos la chapuza, solo el deseo. Hace falta práctica.

MARSHALL DIRIGIÉNDOSE AL PARTICIPANTE I: Entonces, ¿cómo te dijo no tu novio?

PARTICIPANTE I: Bueno, le pedí algo y me dijo: «¡No!». Así que le respondí...

MARSHALL: Con este tipo de energía ya sabemos cuál es el problema. Gente, ¿qué es lo que oyó él?

PARTICIPANTES: Exigencia.

MARSHALL: Él oyó una exigencia. Siempre que alguien dice no de esa manera, es porque le aterroriza perder su libertad. Teme que si oye realmente lo que quiere la otra persona, se va a tener que comprometer y hacerlo, tanto si quiere como si no. De modo que cuando alguien se niega de este modo, sabemos que no ha escuchado nuestra petición. No tiene nada que ver con nosotros;

es evidente que no nos está rechazando, porque ni siquiera ha oído la petición: solo la exigencia.

PARTICIPANTE I: Así que cuando llegué a este punto, intenté adivinar qué sentía, y me respondió: «Solo quiero que me entiendas, que lo captes. No quiero jugar a este juego y no tengo por qué hacerlo. Solo quiero que te quede claro que la respuesta es no».

MARSHALL COMO NOVIO: Quiero que te des cuenta del miedo que tengo a perder mi independencia.

MARSHALL COMO SÍ MISMO: Para nosotros es sumamente valioso poder hacer las cosas cuando elegimos hacerlas, no porque algún ser querido lo quiere así, porque se va a poner como loco si no lo hacemos o porque no va a parar de recordárnoslo hasta que lo hagamos. A la gente le da mucho miedo dedicar tanto tiempo de su vida a tener que dar sin que les surja del corazón. Así que se pone a la defensiva. Entonces, nuestro ser querido responde: «¡Hazlo tú! Procura entender. No quiero hacer esto hoy. He de preservar mi independencia». Por el tono de voz de tu novio cuando te dice: «Solo quiero que lo hagas tú», estaba sufriendo un brote grave de «alergia a la dependencia». Entonces, ¿qué le dijiste a continuación?

PARTICIPANTE I: Me di la vuelta en la cama y me puse a dormir. [Risas]. Bueno, en realidad, me puse a gritar y a decir: «¡No, no, no!». Me sentí ofendida, me enfadé mucho y le dije: «Estoy muy furiosa». Y él me respondió: «Ah, eso es bueno, indica que estás viva por dentro». [Risas]. Y se calló.

MARSHALL: Él estaba muy asustado. Tenía la sensación de que no podía protegerse de ti. Estabais muy tensos, y sabe cómo retirarse para protegerse.

PARTICIPANTE I: ¿Qué puedo hacer en este caso? ¿Guardármelo para mí [brindarme empatía a mí misma]?

MARSHALL: Lo más importante, por supuesto, es no pensar que esto tiene que ver contigo.

PARTICIPANTE I: Sí, ya lo tenía asumido.

MARSHALL: Entonces, esto es lo mejor que sé hacer en una situación en que alguien me dice no a satisfacer mis necesidades: asegurarme de que no hay nada malo en ellas. Tengo que actuar rápido, porque con semejante intensidad y sufrimiento, podría cometer un error y pensar que hay algo malo en mis necesidades, dado que asustan tanto a la otra persona.

PARTICIPANTE I: Bueno, me hubiera gustado oír qué es lo que él quería.

MARSHALL: Está preocupado salvaguardando su autonomía, eso es lo que quiere. Necesita espacio para sentirse a salvo en la relación, saber que algo no lo va a absorber, antes de estar preparado.

PARTICIPANTE I: Entonces, puedo ofrecerle mi empatía en silencio. No decir nada.

MARSHALL: Sí. Solo trata de ser consciente de que si es como la mayoría de los hombres —si mi esposa tiene razón— necesitará unas tres encarnaciones para superar eso. [Risas]. Así que, mientras tanto, reúnete con algunas amigas y no le des más vueltas. Mi esposa me hizo una vez el mejor comentario que me han hecho nunca: «Podrías leer exigencias en una roca». [Risas]. «Veredicto: culpable», respondí yo.

¿Quieres oír esto?

PARTICIPANTE I: Cuando le da uno de esos brotes de «alergia a la dependencia», me desespero mucho porque quiero que sepa que, de hecho, no puedo hacerle hacer nada, así que no ha de preocuparse en absoluto. Bastaría con que pudiera confiar en eso, y nos lo pasaríamos mucho mejor. ¿Oyes mi dolor?

MARSHALL: Solo cuando entienda que realmente puedes sentir empatía respecto a cuánto le asusta tener una relación íntima —y eso puede llevar mucho tiempo—, entonces podrá empezar a entender lo frustrante que es para ti tener necesidades y no poder expresarlas sin que él las convierta en exigencias.

PARTICIPANTE I: ¿Existe alguna manera de comunicarle cuánto desearía que entendiera que no puedo obligarlo a hacer nada?

MARSHALL: Puedes intentarlo. Esta persona lo interpretará como una exigencia, incluso tu silencio, o especialmente este, de modo que también puedes divertirte un poco gritando. Si ocultas tus necesidades, él también llevará eso como una pesada carga. Decir a gritos como unas mil veces lo que tienes que decir puede servir para que te entienda.

PARTICIPANTE I: Me preocupaba hacer el trabajo interior por mi cuenta, sin decirle nada, porque podría pensar que estoy evitando el tema al no hablar de él.

MARSHALL: Sí, es muy doloroso no poder expresar tus necesidades. No hay nada de malo en gritar: «Me gustaría que me dijeras qué he de hacer o decir para que confíes en que nunca pretenderé obligarte a hacer algo que sea doloroso para ti», a la vez que sientes empatía por su temor, al haberse educado en una familia donde le han dicho que no tenía razón. Ha sido sometido a todo tipo de juegos, por lo que necesitará mucho tiempo y paciencia para recobrar esa confianza. No creo que eso vaya a suceder solo porque le digas que nunca lo obligarás a hacer nada. Necesita mucha empatía debido al temor que le han ocasionado sus experiencias anteriores.

Expresar sentimientos y necesidades

MARSHALL: ¿Quién tiene otro caso?

PARTICIPANTE J: Se trata de una llamada de mi novio. Me dijo: «No voy a poder venir hoy. Mi hija sale del colegio a la una y media y quiero estar tranquilo cuando estemos juntos; si nos viéramos, estaría nervioso».

MARSHALL: ¿Y tú qué le dijiste?

PARTICIPANTE J: Pude identificar mis sentimientos. «Me duele en el alma».

MARSHALL: «Me duele en el alma».

PARTICIPANTE J: Sí, pero no pude identificar mis necesidades.

MARSHALL: Pero no pudiste decirle cuáles eran tus necesidades y tu respuesta en ese momento fue un poco crítica. Esa persona necesita empatía y lo primero que oye es: «Me duele en el alma». Así que tenemos una bonita pelea para empezar.

PARTICIPANTE J: Cuando se lo dije me preguntó: «¿Por qué?».

MARSHALL: He preguntado a personas de varios países: «¿Qué clase de mensajes son los que os hacen sentir más inseguros?». Las preguntas que empiezan por «por qué» estaban las primeras de la lista. Si realmente quieres asustar a la gente, pregúntale «por qué». «¿Por qué?».

PARTICIPANTE J: Silencio, no dije nada. Luego enumeró toda una lista de otras razones por las que no podía venir.

MARSHALL: Este pobre chico suicida... No se daba cuenta de que cuando uno intenta explicar y justificar suena a ataque. Entonces ¿qué?

PARTICIPANTE J: Le dije: «Me duele el corazón, y tengo que pensar en ello». Entonces pensé: «Voy a llamar a algunos de mis amigos de la CNV».

MARSHALL: ¡Ah! ¡Esto es muy buena idea! Vale, así que si entiendo bien, a ti realmente te apetecía estar con esta persona.

PARTICIPANTE J: Sí.

MARSHALL: Y sus necesidades estaban en conflicto con las tuyas. Él te estaba diciendo: «Tengo otras necesidades en estos momentos, otras que no incluyen satisfacer las tuyas».

PARTICIPANTE J: Justo, y como es lógico, podía entenderlo, pero mi corazón...

MARSHALL: Mentalmente lo habías entendido, pero te dolió el corazón porque oíste ¿qué?

PARTICIPANTE J: Oí: «No quiero estar contigo».

MARSHALL: Sí, oíste un rechazo. Así es como hacemos que nuestra vida sea verdaderamente miserable. Cuando las necesidades de otra persona están en conflicto con las nuestras y esa persona dice: «Me gustaría hacer otra cosa, en vez de estar contigo y satisfacer tus necesidades», lo interpretas como: «No quiero estar contigo». Tú tienes un lenguaje más dulce, dices: «Me duele el corazón». He de confesar que tengo fama de llevar las orejas de juzgar cuando alguien me dice *no*. Es muy difícil ponerte las orejas de la CNV cuando oyes un *no*.

Sí, indudablemente, vamos a aprender a ponernos las orejas de la CNV para esta situación, porque eso puede evitarnos mucho dolor. Si oímos las necesidades distintas de la otra persona como un rechazo, no tardaremos en ser rechazados. ¿Quién quiere estar con personas que cada vez que sus necesidades difieren de las tuyas lo interpretan como un rechazo? Eso enseguida se convierte en una carga. Así que, a menos que aprendas a ponerte las orejas de la CNV, lo que haremos será alejar a la otra persona. Soy consciente de que esto no es fácil, pero hemos de aprender a ponérnoslas. [Marshall se pone un par de orejas de la CNV. Los asistentes se ríen entre dientes. Responde a las risitas diciendo: «Me siento muy herido». Más risas].

PARTICIPANTE J: Tus orejas no funcionan. [Risotadas].

MARSHALL: Sí, están defectuosas, es evidente. Necesito otras nuevas.

Ahora, en cuanto me pongo estas otras, se produce un milagro: el rechazo desaparece de la tierra. Nunca oigo un *no*. Nunca oigo un *no quiero*. Los juicios de valor y las críticas desaparecen de la faz de la tierra. Lo único que oigo es la verdad, que para un practicante de la CNV supone esto: «Lo único que expresan las personas son sus sentimientos y sus necesidades. Las únicas cosas que dicen las personas, sea como fuere que las expresen, es cómo se encuentran y lo que les gustaría conseguir para que su vida fuera mejor. Cuando la gente dice no, es una forma muy primaria de transmitirnos lo que realmente quieren. Nosotros no queremos empeorarlo oyendo un rechazo; nosotros oímos lo que quieren».

Algunos me habéis oído contar el caso de la mujer que le dijo a su marido: «No quiero que pases tanto tiempo en el trabajo». Luego, se puso furiosa porque su marido se apuntó a una liga de bolos. [Risas]. Le había dicho lo que no quería y él no llevaba las orejas de la CNV. No sabía cómo oír lo que ella quería. Por supuesto, habría sido más fácil que ella le hubiera dicho lo que quería. Pero si él hubiera llevado las orejas de la CNV, cuando ella le dijo: «No quiero que pases tanto tiempo en el trabajo», le habría dicho:

ESPOSO: Oh, estás tan preocupada por mi bienestar que ¿quieres que me tome más tiempo de ocio?
ESPOSA: Pero no quitándoselo a tu vida familiar. En los últimos seis meses solo has pasado dos noches conmigo y los niños.
ESPOSO: Ah, entonces ¿lo que en realidad te pasa es que estás decepcionada por el poco tiempo que estamos juntos y te gustaría que pasara al menos una noche a la semana contigo y con los niños?
ESPOSA: Exactamente.

Con las orejas de la CNV, nunca oímos lo que no quieren los demás. Deseamos ayudarlos a que nos aclaren lo que quieren. Tener claro solo lo que no queremos es un fenómeno peligroso. Nos ocasiona todo tipo de confusiones.
Cuando sepamos lo que queremos de los demás, especialmente cuando sepamos cuáles queremos que sean sus razones para hacer algo, entonces sabremos que jamás podremos satisfacer nuestras necesidades a través

de ningún tipo de amenaza o medida punitiva. Tanto si somos padres, profesores o cualquier otra cosa, jamás conseguiremos satisfacer nuestras necesidades a través del castigo. Nadie que sea medianamente consciente querrá que alguien haga algo por él o ella por miedo, culpa o vergüenza. Nosotros estamos lo suficientemente orientados por la CNV como para predecir el futuro, como para saber que siempre que alguien hace algo por miedo, culpa o vergüenza, todo el mundo sale perdiendo. Así que hemos de ponernos las orejas de la CNV ahora y ofrecerle empatía a esa persona. Vamos a intentarlo de nuevo.

MARSHALL COMO NOVIO: Tengo un verdadero conflicto. Me encantaría estar contigo cuando pueda dedicarte toda mi atención, pero hoy mi atención está en mi hija.

PARTICIPANTE J COMO SÍ MISMA: ¿Quieres que sea una practicante de la CNV?

MARSHALL COMO SÍ MISMO: Sí, ponte las orejas. [Le entrega las orejas a la participante J, que ella recoge].

PARTICIPANTE J COMO PRACTICANTE: Estoy muy decepcionada.

MARSHALL COMO SÍ MISMO: No, no. Esta pobre persona necesita empatía.

PARTICIPANTE J COMO PRACTICANTE: ¿Así que te gustaría pasar tiempo de calidad conmigo, cuando puedas estar realmente presente sin distracciones, pero hoy has de atender a tu hija porque sale antes del colegio?

MARSHALL COMO NOVIO: Sí. Gracias por tu empatía. Sabes, siempre tengo miedo de que si no puedo satisfacer las necesidades de quienes me importan, se lo van a tomar como un rechazo, y que me van a abandonar y a rechazar. Así que para mí es aterrador tener que decirte que mis necesidades están en conflicto con las tuyas. He tenido muy malas experiencias en el pasado, cuando no he hecho lo que todo el mundo esperaba de mí no he recibido el amor que necesitaba. Sencillamente me resulta aterrador tener que decirte que mis necesidades están en conflicto con las tuyas. Tenía miedo de que lo interpretaras como «No quiero estar contigo».

PARTICIPANTE J COMO PRACTICANTE: ¿Quieres más empatía?

MARSHALL COMO NOVIO: Sí, quiero más empatía.

PARTICIPANTE J COMO PRACTICANTE: Creo que tenías miedo de no poder pasar tiempo conmigo hoy, porque sentías la necesidad de atender a tu hija. Y temías que al decirme esto, yo pudiera pensar que no querías estar conmigo. En el pasado, has tenido muchas experiencias en las que has querido satisfacer las necesidades de quienes te importan, pero cuando has tenido un conflicto o no has podido hacerlo, lo han interpretado como que no querías dedicarles tu tiempo. Esas personas, al sentirse rechazadas, te han castigado, y entonces te has sentido culpable y avergonzado. Te han juzgado y te han hecho sentir más culpable y has sentido más miedo.

MARSHALL COMO NOVIO: Sí, sí, qué bueno es sentir esta empatía. ¡Qué caray con lo de mi hija, voy a venir! [Risas y aplausos]. Ahora hasta puedo oír lo que empezabas a decirme sobre tu corazón, porque en primer lugar he recibido empatía.

PARTICIPANTE J COMO PRACTICANTE: Me pregunto si quieres oír cómo me siento al respecto.

MARSHALL COMO NOVIO: Sí, me gustaría oír cómo te sientes.

PARTICIPANTE J COMO PRACTICANTE: Me siento muy decepcionada.

MARSHALL COMO NOVIO: Lo siento, no era esa mi intención.

MARSHALL COMO SÍ MISMO: Ahora fijémonos en esto. Él ha aprendido la tendencia suicida de responsabilizarse de los sentimientos de los demás. En cuanto ella ha dicho que estaba decepcionada, se ha puesto en alerta. Sin la CNV, cuando la gente oye que alguien está sufriendo, inmediatamente, cree que ha hecho algo mal y que ahora ha de hacer algo para compensarlo. De modo que esta persona hace la primera cosa que hace la gente que no conoce la CNV: disculparse. Cuando oyes «lo siento», sabes que pronto vendrá un juicio de valor. Entonces, repite toda una serie de excusas que no quieres oír sobre lo importante que es para él estar hoy con su hija, dejándote a ti con todo tu dolor y sin recibir empatía.

MARSHALL COMO NOVIO: Lo siento, no pretendía hacerte daño, pero hoy es el único día que bla, bla, bla, excusas, excusas, justificaciones, etcétera. ¡Puaf! [Risas].

PARTICIPANTE J COMO SÍ MISMA: ¿Es el momento de mostrar más empatía?

MARSHALL COMO SÍ MISMO: ¡No, grita al estilo de la CNV! Tú le has brindado empatía, ahora necesitas que él haga lo mismo.

PARTICIPANTE J COMO PRACTICANTE: Muy bien, necesito compartir mis sentimientos contigo ahora.

MARSHALL COMO NOVIO: Sí, es importante que lo hagas.

PARTICIPANTE J COMO PRACTICANTE: Lo que me gustaría hacer ahora es decirte cómo me siento y cuando lo haya hecho, tal vez ¿podrías repetirme lo que te he dicho?

MARSHALL COMO NOVIO: Oh, sí, tengo una mala costumbre, no soy muy bueno escuchando. Mi madre tampoco sabía escuchar, y, uh, ya sabes...[Risas].

PARTICIPANTE J COMO SÍ MISMA: ¿Hablo con su madre la próxima vez?

MARSHALL COMO SÍ MISMO: No, solo grita al estilo de la CNV.

PARTICIPANTE J COMO PRACTICANTE: Entiendo que este tema te hace sufrir.

MARSHALL COMO SÍ MISMO: No, no le concedas ni siquiera esa cantidad de empatía, solo grítale como hacemos en la CNV.

PARTICIPANTE J COMO PRACTICANTE: Necesito compartir mis sentimientos y necesidades contigo y realmente quisiera que escucharas lo que tengo que decir. Y cuando lo haya hecho, quiero que me repitas lo que he dicho. ¿Vale?

MARSHALL COMO NOVIO: Sí. [Marshall se encoge de hombros y pone los ojos en blanco. Los participantes se ríen].

PARTICIPANTE J COMO SÍ MISMA: ¿Has hablado con él antes de venir aquí? [Más risas].

MARSHALL COMO SÍ MISMO: ¡Incluso me conozco sus expresiones de memoria!

PARTICIPANTE J COMO PRACTICANTE: Me he sentido muy decepcionada cuando me has dicho que no íbamos a pasar el día juntos.

MARSHALL COMO NOVIO: Sí, pero...

MARSHALL INTERPRETANDO EL PAPEL DE UN *COACH* DE LA CNV CON EL NOVIO: Shh, shh, limítate a escucharla.

MARSHALL COMO SÍ MISMO: A veces, uno necesita un *coach* de CNV de urgencias.

PARTICIPANTE J COMO PRACTICANTE: Yo estaba esperando ilusionada pasar el día contigo, porque disfruto mucho estando en tu compañía, y necesitaba verte.

[Marshall representa el diálogo entre la marioneta crítica (novio) y la marioneta de la CNV (*coach*)].

COACH DE LA CNV: ¿Puedes repetirle a ella lo que te ha dicho?

NOVIO: Sí, entiendo cómo se siente.

COACH DE LA CNV: ¿Podrías simplemente decir qué siente?

NOVIO: No, tiene razón, tiene toda la razón del mundo para sentirse así. Por mi parte, ha sido terrible decirle eso. No tenía que habérselo prometido cuando no tenía claro si podría cumplir mi promesa. Ha sido terrible por mi parte. Me siento muy culpable.

COACH DE LA CNV: ¿Eres consciente de que si interpretas lo que ella te ha dicho como que te está juzgando, todavía le estás faltando más al respeto?

NOVIO: ¡Ups!

COACH DE LA CNV: Cuando interpretas lo que te dice otra persona como que te está recriminando que has hecho algo mal, agrava la falta de respeto hacia ella, porque, entonces, no solo no está recibiendo la comprensión que necesita, sino que le haces sentir que su sinceridad te está causando problemas. A ella le resultará más difícil ser sincera en el futuro cuando intente decirte lo que le está pasando y tú pienses que has hecho algo mal.

NOVIO: Pero no llevo las orejas de la CNV, no puedo oír ninguna otra cosa que no sea una recriminación de lo que he hecho mal.

COACH DE LA CNV: ¿Quieres unas orejas?

NOVIO: ¡Sí! [Risas mientras Marshall le pone las orejas a la marioneta que interpreta al novio crítico]. Así que estás decepcionada porque yo...

COACH DE LA CNV: No. No llevas las orejas bien puestas. Ella no está decepcionada por esto y aquello. Deja de responsabilizarte de sus sentimientos. Limítate a oír lo que le está sucediendo.

MARSHALL COMO NOVIO: Estás decepcionada porque estabas esperando con mucha ilusión nuestro encuentro, porque realmente te apetecía estar conmigo.

PARTICIPANTE J COMO PRACTICANTE: ¡Sí!

MARSHALL COMO NOVIO: [Escuchando con nuevas orejas de la CNV]. Realmente lo esperabas con mucha ilusión.

PARTICIPANTE J COMO PRACTICANTE: Sí. ¡Me ha gustado mucho oírtelo decir!

MARSHALL COMO NOVIO: ¿Te sientes bien cuando puedes recibir empatía?

PARTICIPANTE J COMO PRACTICANTE: Sí, me siento muy bien.

MARSHALL COMO NOVIO: ¿Y no pretendes que me sienta como un gusano?

PARTICIPANTE J COMO PRACTICANTE: No, no quiero que te sientas como si fueras un gusano.

MARSHALL COMO NOVIO: Solo necesitabas esa empatía.

PARTICIPANTE J COMO PRACTICANTE: Sí.

MARSHALL COMO NOVIO: ¿Y eso es todo?

PARTICIPANTE J COMO PRACTICANTE: [Con un tono de voz suave]. Sí, y me siento muy agradecida de que lo hayas oído.

MARSHALL COMO NOVIO: ¡Es increíble! Siempre había pensado que tenía que hacer todo lo que querían los demás para que me quisieran. Descubrir que los demás solo quieren empatía y mi sinceridad ¡es alucinante! Gracias por estar conmigo. Procuraré llevar siempre estas orejas.

PARTICIPANTE J COMO PRACTICANTE: ¡Me alegro!

MARSHALL COMO SÍ MISMO: Lo primero que hemos de hacer cuando empezamos a enfadarnos o a ponernos a la defensiva es reconocer que no hemos escuchado a la otra persona. Lo que nos saca de estas peleas es nuestra conciencia. Si oímos algo que no sea un regalo en el mensaje de la otra persona, es que no la hemos escuchado. Has de estar atento para ver cuándo se te han caído las orejas de la CNV. La ira es un indicador magnífico, para un practicante es como una llamada para despertarte. En cuanto me enfado, me pongo a la defensiva, escucho un ataque o una exigencia, sé que no he oído bien a la otra persona. En vez de conectar con lo que le está sucediendo, estoy en mi cabeza juzgando que, de algún modo, está equivocada. Me he hecho daño al llevar las orejas del juicio de valor. Si utilizo la CNV, sé que me he de callar lo antes posible, ponerme las orejas de la CNV y escucharme. ¿Cómo puedo hacerlo?

Me escucho a mí mismo. Me doy empatía. Me doy cuenta de cuánto sufrimiento me he provocado con las orejas del juicio de valor y escuchando todo esto. Soy consciente de todo lo ocurrido y me callo y disfruto con lo que pasa en mi cabeza. Es como ver una película. [Risas].

Consuelo

PARTICIPANTE K: Necesito aprender a diferenciar entre sentir empatía por alguien diciendo: «Parece que estás asustado y necesitas consuelo» y el consuelo en sí. ¿Y si dice: «Sí, necesito consuelo»?

MARSHALL: Si alguien me dice que necesita consuelo, si se lo puedo dar, no hay problema. El problema está en que le dé consuelo cuando lo que necesita es empatía. Por ejemplo, un día mi hija mayor se estaba mirando en el espejo y dijo: «Soy fea como una cerdita». Yo le dije: «Eres la criatura más hermosa que Dios ha puesto sobre la faz de la tierra». «¡Papá!», me respondió y se largó dando un portazo. Yo la estaba juzgando y lo que ella quería era empatía, e intenté consolarla, para satisfacer mis propias necesidades.

¿Qué hice? Me fui a otra habitación, tras haberme juzgado a mí mismo un poco, diciendo: «Todos los días hablas de esto, y cuando te pasa a ti, te olvidas de lo que enseñas. Te olvidas del consejo del Buda: ¡no intentes arreglarlo, simplemente estate presente!». Después, me acerqué a ella y le dije:

MARSHALL: Supongo que no querías mi consuelo, solo necesitabas oír que puedo ver lo decepcionada que estás con tu aspecto.

HIJA: Así es. Siempre intentas arreglarlo todo. [Risas].

MARSHALL: Culpable.

Hablar de ello en público

PARTICIPANTE L: A veces, siento como que me estoy responsabilizando de los sentimientos de mi pareja. En el pasado, a veces, yo decía algo que él consideraba privado o personal, a otra pareja o grupo. Desde entonces, tengo claro cuál es la diferencia entre sus cosas y las mías, pero hay momentos en que la línea entre lo que puedo o no puedo decir es muy estrecha. Así que cuando estamos en grupo, me pregunto cuándo sería apropiado preguntarle, sin caer en la «codependencia», «¿Te parece bien que hable de esto?». Hay ocasiones en que cuando le pregunto y me responde que no o que no debería haber dicho algo, me enfado y me siento censurada. ¿Entiendes mi pregunta?

MARSHALL: Creo que sí. Veamos, me estás diciendo que hay momentos en que no tienes claro si tu pareja se siente cómoda o no cuando hablas de ciertas cosas con otras personas.

PARTICIPANTE L: Exacto.

MARSHALL: Has planteado tu pregunta fuera de las reglas de la CNV y vas en una dirección peligrosa. Yo la he simplificado y traducido a nuestro lenguaje. El antropólogo Ernest Becker, en su libro *The Revolution in Psychiatry* [La revolución en la psiquiatría], sugería que la depresión se producía a raíz del arresto de las alternativas cognitivas. Se refería a que al hacer preguntas del tipo que acabas de hacer, llenamos nuestra cabeza de preguntas sin respuesta. «¿Está bien?». «¿Es apropiado?». Generalmente, este tipo de preguntas no tiene respuesta y terminamos dándole vueltas a la cabeza. Observa que he traducido esas preguntas. Nos estás diciendo que a veces tu pareja no se siente cómoda con algunas cosas que cuentas. Eso no significa que no sea correcto que las cuentes. No significa que sea inapropiado. Solo que a él no le gusta. Solo le estás preguntando: «No tengo claro cuáles son esos temas. ¿Puedes darme un ejemplo de algunas de las cosas que te gustaría o no te gustaría que contara?».

MARSHALL COMO PAREJA: Bien, es evidente que no quiero que digas cosas inapropiadas a otras personas. [Risas].

MARSHALL COMO SÍ MISMO: Hemos de tener clara la diferencia entre la esclavitud emocional, lo ofensivo, y la liberación. La esclavitud emocional está en el polo opuesto de la CNV, es cuando pensamos que hemos de hacer todo lo que los otros consideran que es apropiado, correcto y normal. Este tipo de personas se pasa la vida creyendo que ha de complacer a los demás y adivinar lo que los otros creen que es apropiado. Es una carga muy pesada. Por ejemplo, una persona llega a casa molesta por algo, no importa la razón.

PAREJA: Estoy enfadado con todo.

PERSONA QUE JUZGA: Toma, aquí tienes sopa de pollo.

MARSHALL COMO SÍ MISMO: Como veis, no importa de qué se trate. En cuanto una persona sufre, la otra piensa que ha de apresurarse a cuidar de ella. Después, viene a un taller de CNV donde a lo mejor yo no estoy muy acertado en mis explicaciones de que no somos responsables de los sentimientos ajenos, porque no aclaro de qué sí somos responsables. Así que se va a casa, y cuando su pareja le dice: «Todavía estoy mal por tal cosa», responde: «Bueno, ese es tu problema; yo no soy responsable de tus sentimientos». [Risas].

PAREJA: ¿Dónde has aprendido eso?

PRACTICANTE DE LA CNV: En un taller de CNV.

PAREJA: ¡Voy a matar a esa gente!

MARSHALL: El concepto de la CNV es *no, no somos responsables de los sentimientos de otras personas, pero somos conscientes de que no hemos de rebelarnos en su contra, diciendo cosas como: «No soy responsable de tus sentimientos».* Sencillamente, somos capaces de oír lo que dicen los demás sin perder nuestro centro. Podemos oír lo que desean y ofrecerles nuestra empatía, pero no hemos de hacer lo que quieren. Aclaramos que lo que necesitamos es empatía, no que ellos abandonen o cedan. Oír y respetar sus necesidades no implica que hagamos lo que nos piden.

¿He respondido a tu pregunta o me he ido por las ramas? Has de tener muy claro cuáles son tus necesidades. Sin la CNV decimos «¿Podría?», «¿Te parece bien?»; los practicantes de la CNV nunca buscan la aprobación de los demás. Nunca entregan su poder y dejan que los otros les digan lo que han de hacer.

Esto es lo que diríamos en nuestro contexto: «Esto es lo que quiero. Me gustaría saber cuál es tu opinión al respecto. Quiero conocer tus necesidades tanto como las mías, pero eso no quiere decir que cuando oiga las tuyas vaya a renunciar a las mías. Soy consciente de que no me voy a beneficiar a tu costa. Tus necesidades son importantes, pero tengo claro que eso nunca va a implicar que renuncie a las mías».

Me pierdo cuando estoy contigo

PARTICIPANTE M: ¿Estás listo para otro más? Ella me dijo «No puedo tener relaciones largas. Me pierdo cuando estoy contigo. No estoy lo bastante madura emocionalmente. Ahora me doy cuenta de que tuve un comportamiento aberrante al implicarme contigo y aceptar que tú quisieras una relación estable. Algo raro me pasó que me hizo pensar que me podía enamorar tan fácilmente». «Puedo seguir siendo tu amigo», le dije. «No sé qué decir», me respondió.

MARSHALL: Sí, sí. Esta persona ha aprendido conceptos de amor que no son de la CNV, como: «Si realmente amas a alguien, renuncias a tus necesidades y te ocupas de las suyas». En cuanto este tipo de persona inicia una relación íntima —una relación sentimental— se vuelve crítica. Hasta entonces, había sido adorable, realmente maravillosa. Estos individuos son los jueces más temibles, porque juzgan ataviados de CNV. [Risas]. En la primera fase de la relación, se entregan de corazón, les encanta dar. Es fácil, no lo piensan hasta que cruzan la línea. ¿Qué significa la línea? Es cuando las personas tienen miedo de «haberse comprometido». Si realmente deseas asustarlas, háblales de compromiso o usa la palabra *serio*. En cuanto piensan que esto es una «relación seria» o sale la palabra *amor* —«amo a esta persona»— se van a deshacer de ti. En el momento en que la relación queda definida como seria, es cuando se sienten responsables de tus sentimientos. Pues para demostrar amor, han de renunciar a sí mismas y actuar para ti. Todo esto es lo que se esconde detrás de afirmaciones como «me pierdo en la relación contigo. No puedo soportarlo. Te veo sufrir y me pierdo, y necesito alejarme de todo esto». Al menos se responsabilizan de ello. En un nivel más primitivo, te habrían echado a ti la culpa de todo: «Eres demasiado dependiente. Demasiado exigente». Eso es de desquiciados. Ese tipo de personas no son conscientes de su dinámica interior.

MARSHALL COMO PAREJA: Me da mucho miedo tener una relación, porque me cierro. En cuanto veo que tienes alguna necesidad o que estás sufriendo, no te puedes imaginar lo que yo sufro, y entonces empiezo a sentir que estoy en una cárcel. Siento que me asfixio, y tengo que acabar con la relación lo antes posible.

MARSHALL COMO PRACTICANTE: Como practicante de la CNV, he de trabajar bastante este tema, pero no creo que haya nada de malo en mis necesidades o en mi amor. Si así fuera, eso haría que una situación mala fuera doblemente mal. No tengo necesidad de responsabilizarme de eso. Necesito oír lo que estás diciendo realmente. Tienes pánico. A ti te cuesta mucho seguir con el amor y el cariño profundo que nos profesamos sin sentirlos como una responsabilidad, un deber y una obligación, que limitan tu libertad y que te hacen sentir que has de cuidar de mí.

PARTICIPANTE M COMO PAREJA: ¡Exactamente! Es como una cárcel. Me cuesta respirar.

MARSHALL COMO PRACTICANTE: En cuanto sientes mi sufrimiento o mis sentimientos es como si tu vida se detuviera.

PARTICIPANTE M COMO PAREJA: ¡Sí! [Suspiros].

MARSHALL COMO PRACTICANTE: Me alegra mucho que me digas esto. ¿Te sentirías mejor si tuviéramos una relación de amigos, en vez de ser amantes?

PARTICIPANTE M COMO PAREJA: No... También me pasa con los amigos, lo hago con todas las personas que me importan. Incluso lo hice una vez con mi perro. [Risas].

MARSHALL COMO PRACTICANTE: Caramba, vaya dilema. Me gustaría expresar mi sufrimiento respecto a esto, pero si lo hago, tengo miedo de que entres en pánico.

PARTICIPANTE M COMO PAREJA: Sí, así es. En cuanto expreses algo que conlleve sufrimiento, pensaré que he hecho algo mal y que tengo que hacer algo al respecto. Mi vida se acaba, he de cuidar de ti.

MARSHALL COMO PRACTICANTE: Entonces me digo a mí mismo: «¡Qué doloroso es para mí no poder conseguir nada de empatía! ¡Que no haya nadie que reciba mis sentimientos y mis necesidades —toda la vida que hay en mi interior—, eso que me gustaría que fuera un regalo para quien lo recibe! Me resulta muy doloroso que mis necesidades se transformen en exigencias. No sé cómo obtener lo que necesito de esta persona. Voy a probar una vez más a ver si consigo algo de empatía».
¿Estarías dispuesta a escuchar solo un mensaje más sin responsabilizarte de él?

PARTICIPANTE M COMO PAREJA: ¿Qué quieres decir?

MARSHALL COMO PRACTICANTE: Me gustaría comunicarte un sentimiento y una necesidad y que escucharas sin hacer nada más. No quiero que interpretes que has de hacer algo al respecto. Solo repite lo que has oído. ¿Estarías dispuesta a ello?

PARTICIPANTE M COMO PAREJA: Lo intentaré.

MARSHALL COMO PRACTICANTE: Estoy muy triste...

PARTICIPANTE M COMO PAREJA: Lo siento. [Risas].

MARSHALL COMO PRACTICANTE: No, por favor. Solo espera, aguarda y repite lo que digo. Estoy triste porque me gustaría que mis sentimientos y mis necesidades fueran un regalo para ti, en vez de una amenaza. ¿Puedes repetir lo que me has oído decir?

PARTICIPANTE M COMO PAREJA: Que no he de reaccionar con tanta intensidad.

MARSHALL COMO PRACTICANTE: No, no estoy intentando decirte lo que tienes o no tienes que hacer. Tengo un sentimiento y una necesidad, solo concéntrate en eso. Estoy triste porque me gustaría que mis sentimientos y mis necesidades fueran un regalo para ti, en vez de una amenaza. ¿Puedes repetir lo que me has oído decir?

PARTICIPANTE M COMO PAREJA: Que te pongo triste.

MARSHALL COMO PRACTICANTE: No me pones triste, son mis necesidades la causa de mi tristeza. ¿Puedes oír solo eso?

PARTICIPANTE M COMO PAREJA: Vuelve a decirlo.

MARSHALL COMO PRACTICANTE: Estoy triste porque me gustaría que mis sentimientos y mis necesidades fueran un regalo para ti, en vez de una amenaza.

PARTICIPANTE M COMO PAREJA: Estás triste porque yo...

MARSHALL COMO PRACTICANTE: ¡No!

PARTICIPANTE M COMO PAREJA: ¿Porque tú?

MARSHALL COMO PRACTICANTE: Gracias.

PARTICIPANTE M COMO PAREJA: Porque te gustaría que tus sentimientos y tus necesidades fueran un regalo para mí, en vez de una amenaza.

MARSHALL COMO PRACTICANTE: Me alegro de que hayas oído eso. Ve en paz, y espero que algún día puedas regresar y disfrutar de mí.

Hacer una petición

PARTICIPANTE M: Pero falta la segunda frase. [Risas].

MARSHALL: ¿Cuál es?

PARTICIPANTE M: Yo quiero decir: «Tengo miedo, necesito sentir que todavía estamos conectados, porque lo estábamos. No importa de qué modo lo estemos. No te necesito como pareja especial, pero sigo necesitando nuestra conexión y que seamos amigos».

MARSHALL: Es maravilloso todo lo que has dicho hasta ahora, pero si te detienes ahí no es CNV. Lo que has hecho es afirmar tus sentimientos y tu necesidad no cubierta de seguir manteniendo el contacto, pero, al final, no le has aclarado qué es exactamente lo que esperas de ella. Para una persona que escucha del modo en que esta lo hace, eso sería como echarle más leña al fuego. Cuando le dices a una persona que no lleva las orejas de la CNV —«sé mi amigo, sé mi amiga»— y no le dejas claro qué es lo que quieres de ella, volverá a interpretarlo como: «Quieres asfixiarme. Quieres que sea tu esclava». Con aquellos que no hablan en la CNV has de ser muy concreto. No puedes decirles: «Quiero que me ames. Quiero tu comprensión. Necesito que me escuches. Necesito que seas mi amigo». Concretamente, ¿qué es lo que quieres que haga por ti esta persona como amiga?

PARTICIPANTE M: «Me gustaría poder llamarte al menos una vez al mes y saber cómo estás y decirte cómo estoy yo».

MARSHALL: Lo que has de decir ahora es «me gustaría que me dijeras si estás dispuesta a que te llame una vez al mes para ponernos al día».

MARSHALL COMO PAREJA: ¿Durante cuántos minutos?

PARTICIPANTE M: Oh, unos treinta minutos en domingo.

MARSHALL COMO PAREJA: Sí.

MARSHALL COMO SÍ MISMO: En la CNV hemos de ser así de concretos.

Gestionar el sexismo o el racismo

PARTICIPANTE N: [Habla suave]. Conozco a alguien que me dijo que cuando una mujer se casa se vuelve insoportable.

MARSHALL: Bien, sin la CNV, enseguida lo interpretaríamos como un comentario sexista. Sin embargo, con semejante pensamiento en nuestra cabeza, perdemos el poder para conseguir que esta persona sea más sensible a nuestras necesidades. En cuanto calificamos a alguien de «sexista» o «racista», aunque no se lo digamos en voz alta y solo lo estemos pensando, prácticamente no tenemos poder para conseguir lo que necesitamos. ¿Y qué le dijiste a continuación?

PARTICIPANTE N: Me callé porque estaba enfadada y no sabía qué decir. No le dije que era un comentario sexista. Durante la pausa, sentí el sufrimiento que me provoca que haya hombres que digan este tipo de cosas a las mujeres, y no estaba de humor para usar la CNV.

MARSHALL: Esa pausa de unos segundos ha consumido toda tu energía de la CNV. Entonces, te permitiste no usar la CNV.

PARTICIPANTE N: Moví la cabeza y dije: «Las mujeres deberíamos tener derecho a ser insoportables».

MARSHALL: Le estás dando la razón. Un practicante de la CNV nunca está de acuerdo o en desacuerdo. Te advierto: no intentes jamás entrar en la cabeza del otro, la vista no es buena desde las alturas. [Risas]. Aléjate de su cabeza. Dirígete a su corazón.

MARSHALL COMO EL HOMBRE: ¿Es cierto que las mujeres os volvéis insoportables cuando os casáis?

MARSHALL COMO PRACTICANTE: [Silencio].

MARSHALL COMO SÍ MISMO: Esta es la pausa. El practicante está muy furioso en estos momentos. Como he dicho antes, cuando un practicante se enfada, sabe que no ha oído lo que necesitaba oír. Así que se apoltrona en su asiento y disfruta del espectáculo de juicios de valor que está teniendo lugar en su cabeza.

PRACTICANTE (DIÁLOGO INTERNO): Me gustaría retorcerle su cuello sexista. Estoy harta de este tipo de comentarios. Estoy cansada y harta de lo que considero insensibilidad a mis necesidades. ¿Por qué, por el hecho de ser mujer, he de soportar continuamente este tipo de comentarios en el trabajo? [Suspiro].

PRACTICANTE (EN VOZ ALTA): ¿Estás tenso por algo que te está pasando en tu matrimonio y necesitas hablar de ello? [Risotadas].

PARTICIPANTE N: De hecho, pensé en ello en aquel momento, pero elegí no decir nada al respecto, porque teníamos una comida de despedida de uno de los compañeros de trabajo.

MARSHALL COMO EL HOMBRE: ¿De qué hablas? Solo estaba bromeando. Te lo tomas todo muy en serio.

MARSHALL COMO PRACTICANTE: ¿Así que estabas bromeando conmigo y te hubiera gustado que a mí me hiciera gracia?

MARSHALL COMO EL HOMBRE: Sí.

MARSHALL COMO PRACTICANTE: Bueno, te diré por qué eso no es fácil para mí. Me gustaría contarte lo doloroso que me resulta escuchar ese tipo de comentarios.

MARSHALL COMO EL HOMBRE: No tendrías que ser tan sensible.

MARSHALL COMO PRACTICANTE: Me gustaría que me dejaras terminar antes de interrumpir para decirme lo que debería o no debería hacer. ¿Estás dispuesto a hacerlo?

MARSHALL COMO EL HOMBRE: ¡Susceptible, susceptible! [Risas].

MARSHALL COMO PRACTICANTE: Así que te sientes verdaderamente dolido, y ¿te gustaría que yo te siguiera el juego?

MARSHALL COMO EL HOMBRE: Sí, las liberales sois inaguantables.

MARSHALL COMO PRACTICANTE: Así que ¿lo único que quieres es bromear y jugar sin tener que preocuparte por cada palabra?

MARSHALL COMO EL HOMBRE: Sí.

MARSHALL COMO PRACTICANTE: Y a mí también me gustaría poder hacerlo, pero quiero que entiendas por qué es muy doloroso para mí hacerlo. Quiero que me respondas si estás dispuesto a escuchar mis razones.

MARSHALL COMO SÍ MISMO: De este modo lo estoy educando.

Insultos

PARTICIPANTE O: ¿Cómo reacciona un practicante de la CNV a un insulto?

MARSHALL: En la CNV, cualquier insulto es la expresión desafortunada de necesidades no cubiertas. Un practicante se pregunta, cuando lo están insultando: «¿Qué es lo que quieren que no están consiguiendo?». Por desgracia, las personas que insultan no conocen ninguna otra forma de expresar su necesidad salvo a través del insulto.

INSULTADOR: ¡Eres demasiado sensible!

PRACTICANTE: ¿Te gustaría que te interpretara de otro modo?

INSULTADOR: Eres la persona más egoísta que he conocido.

PRACTICANTE: ¿Hubieras querido que te guardara ese último trozo de pastel?

Los insultos son expresiones desafortunadas de necesidades no cubiertas. Los practicantes de la CNV saben que no existe lo normal, anormal, correcto, incorrecto, bueno o malo. Saben que todo eso es fruto de un lenguaje que nos ha entrenado para vivir sometidos a la autoridad de un *rey*. Si quieres adiestrar a la gente para que sea dócil a una autoridad superior, para que encaje en las estructuras jerárquicas con servilismo, es muy importante que se rija por su mente y piense en lo que es «correcto», lo que es «normal», lo que es «apropiado», y le entregue el poder a una figura de autoridad, que es la que define cada uno de esos términos. Si quieres saber más sobre el tema puedes leer mi folleto sobre el cambio social.

Cuando las personas son educadas en esa cultura, utilizan este trágico truco. Cuando se sienten más heridas y más necesitadas, no conocen otra forma de expresarlo que mediante el insulto.

En la CNV, lo que queremos es romper ese círculo vicioso. Sabemos que la violencia surge a raíz de que quienes sufren no saben cómo expresarlo con claridad. Andrew Schmookler, en su libro titulado *Out of Weakness* [Por debilidad], escribe que la violencia —tanto si es verbal o psicológica como física, entre marido y mujer, padres e hijos o naciones— en su esencia se debe a que las personas no saben cómo conectar con lo que llevan dentro. Por el contrario, se les enseña un lenguaje que indica que los villanos, los malos que están causando problemas, están allí fuera. Luego nos encontramos con países que dicen de otro país: «Son el imperio del mal». Y los líderes de ese país responden: «Sois unos opresores imperialistas», en lugar de ver y revelar el sufrimiento, el miedo y las necesidades no cubiertas que ocultan las palabras del otro. Este es un fenómeno social peligroso. Esta es la razón por la que los practicantes de la CNV solo tienen el compromiso de oír el sufrimiento y las necesidades que oculta cada insulto, en vez de aceptarlo y responder del mismo modo.

EXPRESAR AGRADECIMIENTO

PARTICIPANTE P: ¿Podrías decirnos las tres cosas que necesitamos para expresar agradecimiento?

MARSHALL: Para expresar agradecimiento, no alabanza, porque en la CNV no existe el halago, necesitamos tres cosas. La alabanza es una técnica clásica de juzgar, que a los directivos les encanta, porque las investigaciones dicen que los empleados rinden más si se los alaba al menos una vez al día. La alabanza funciona durante un tiempo, hasta que los trabajadores se dan cuenta de la manipulación. En la CNV nunca mostramos gratitud para intentar conseguir algún resultado en otras personas. Solo lo damos para celebrar, para comunicarles lo bien que nos sentimos por algo que han hecho. Estas tres cosas son:

- Lo que ha hecho la otra persona que ha despertado nuestra gratitud, y somos muy específicos al respecto.
- Nuestros sentimientos.
- Nuestras necesidades que han quedado cubiertas.

¿QUÉ HACE FALTA PARA PRACTICAR LA CNV?

PARTICIPANTE Q: También me gustaría que mencionaras las tres cosas que necesitamos para ser expertos en la CNV.

MARSHALL: En primer lugar, la buena noticia es que no nos exige ser perfectos. Tampoco hemos de ser unos santos. Ni hemos de ser pacientes. No hemos de tener una autoestima especial ni tener confianza en nosotros mismos. He demostrado que ni siquiera has de ser una persona normal. [Risas].

¿Qué necesitamos? En primer lugar y lo más importante, necesitamos claridad espiritual. Hemos de ser muy conscientes de la forma en que queremos conectar con los seres humanos. Vivimos en una sociedad que creo que ha sido muy crítica a lo largo de su historia y de su evolución. Ahora, se empieza a decantar hacia la CNV, y con mucha rapidez si pensamos como Teilhard de Chardin. (Teilhard fue un paleontólogo que pensaba en términos de cientos de miles de años). Pero no avanza tan rápido como *me* gustaría, así que hago lo que puedo para acelerar el proceso.

Lo más importante es que estoy intentando hacer un trabajo interior. Cuando me involucro mucho con la CNV, considero que estoy ayudando al planeta; entonces la energía que me sobra, la uso para intentar ayudar a otras personas a involucrarse en la CNV. De modo que lo más importante es la claridad espiritual, es decir, que hemos de ser muy conscientes de cómo queremos conectar con los demás. Personalmente, he de parar cada día —dos, tres o cuatro veces—, hacer una pausa real y recordarme cómo quiero hacerlo.

¿Cómo lo hago? Cada uno lo hace a su manera. Algunos lo llaman meditación, oración, parar e ir más despacio, cada cual lo llama a su manera. Yo lo hago diferente cada día, pero básicamente consiste en parar y reducir la marcha y revisar lo que pasa por mi cabeza. ¿Estoy juzgando? ¿Estoy pensando en términos de la CNV? Me detengo y observo lo que pasa en mi mente, y aflojo el ritmo. Me recuerdo la «sutil, vaga e importante razón por la que nací como ser humano, no como silla», por utilizar una frase de una de mis películas favoritas *El payaso de la ciudad*. Así que esto es lo más importante: la claridad espiritual.

En segundo lugar, practicar, practicar, practicar. Cada vez que me doy cuenta de que estoy juzgando a otras personas o a mí mismo, tomo nota. Anoto qué fue lo que me indujo a ello. ¿Qué he hecho? ¿Qué han hecho o dicho, de pronto, los demás que me incitara a volver a juzgar? Entonces uso esa información. En algún momento del día, me siento y miro mi lista, y procuro sentir empatía por el sufrimiento que estaba experimentando en ese momento. Procuro no culpabilizarme e intento escuchar el dolor que me ha conducido a hablar de ese modo. Luego, me pregunto cómo podía haber usado la CNV en esta situación y qué es lo que la otra persona había estado sintiendo o necesitando.

Ahora bien, a los practicantes de CNV nos gusta enredar las cosas, porque no pretendemos ser perfectos. Conocemos el riesgo de intentar ser perfectos. Simplemente, intentamos ser cada vez menos estúpidos. [Risas]. Cuando tu objetivo es ser cada vez menos estúpido, meter la pata es un motivo de celebración. Te da una oportunidad para aprender a curar tu estupidez. Así que practicar, practicar y practicar para ser cada vez un poco menos estúpido.

Y en tercer lugar, es de gran ayuda formar parte de una comunidad de practicantes de la CNV. Vivimos en un mundo muy crítico; por lo tanto, es una ayuda crear un mundo de CNV a nuestro alrededor a partir del cual podamos empezar a construir un mundo mejor: un mundo de CNV. Esta es la razón por la que estoy tan agradecido de contar con grupos locales de CNV.

¿QUÉ TIENE QUE VER EL AMOR EN TODO ESTO?

Tal vez te ayude a entenderlo el hecho de que la comunicación no violenta surgió de mi intento de entender el concepto del amor y cómo manifestarlo, cómo *hacerlo*. Llegué a la conclusión de que el amor no es solo algo que sentimos, sino que manifestamos, algo que hacemos, que tenemos. Y *el amor es algo que damos*. Nos entregamos de formas concretas. Cuando te muestras desnudo y con sinceridad, en algún momento, sin ninguna otra razón que la de revelar lo que está vivo en ti. No para culpabilizar, criticar o castigar, sino solo para decir *aquí estoy y esto es lo que me gustaría. Esta es mi vulnerabilidad en este momento*. Para mí, esa entrega es una manifestación de amor.

Otra forma de entregarnos es a través de cómo recibimos el mensaje de las otras personas. Recibirlo con empatía es un regalo, conectar con lo que está vivo en esa persona, sin juzgarla. Es un regalo intentar escuchar lo que está vivo en su interior y lo que a esa persona le gustaría. De modo que la comunicación no violenta no es más que una manifestación de lo que yo entiendo como amor. En este aspecto, se parece a los conceptos judeocristianos de «ama al prójimo como a ti mismo» y «no juzgues si no quieres ser juzgado».

Es increíble todo lo que sucede cuando conectamos con los demás de este modo. Esta belleza, este poder, nos conecta con una energía que he optado por llamar Amada Energía Divina, uno de los muchos nombres que damos a Dios. La comunicación no violenta me ayuda a estar conectado con esa hermosa Energía Divina que hay en mi interior, y gracias a esa conexión, poder conectar con la que hay en los demás. Es lo más cercano al «amor» que he experimentado jamás.

CONCLUSIÓN

En las relaciones, queremos ser nosotros mismos, pero hemos de hacerlo de forma que respetemos a los demás, aunque no seamos tratados exactamente del mismo modo. Queremos conectar con ellos, pero sin quedarnos atrapados en su forma de actuar. Entonces, ¿cómo podemos conseguir ambas cosas? Lo que sugiero es que lo hagamos expresándonos con asertividad. El lenguaje de la CNV es muy asertivo. Podemos decir muy alto y claro lo que sentimos, cuáles son nuestras necesidades y lo que queremos de los demás. Sin embargo, somos muy asertivos sin hacer dos cosas que convierten la asertividad en violencia. En la CNV, nos afirmamos a nosotros mismos sin criticar al otro. En nuestro lenguaje de la CNV jamás decimos algo que la otra persona pueda interpretar como que le estamos diciendo que está haciendo algo malo. Por «algo malo» me refiero a mil cosas diferentes —algo inapropiado, egoísta, insensible—; de hecho, me refiero a cualquier palabra que clasifique o catalogue a la otra persona.

En la CNV, aprendemos a ser muy asertivos cuando decimos lo que nos pasa; también tenemos el maravilloso arte, cuando hablamos en nuestro lenguaje, de decir con mucha asertividad lo que nos gustaría que hiciera la otra persona. Pero se lo planteamos como una petición, no como una exigencia. Porque en cuanto oye de nuestros labios cualquier cosa que le parezca una crítica o una exigencia, o si la incita a creer que no valoramos sus necesidades igual que las nuestras (cuando los demás tienen la impresión de que lo único que pretendemos es salirnos con la nuestra), entonces, salimos perdiendo, porque tiene menos energía para considerar seriamente lo que le estamos diciendo. La mayor parte de su energía la empleará en ponerse a la defensiva o a resistirse.

Hemos de ser asertivos cuando hablamos en el lenguaje de la CNV, hemos de utilizar este lenguaje de modo que transmitamos nuestra asertividad a los demás como un regalo que revela sin tapujos lo que sucede en nuestro interior, que les indique claramente lo que nos gustaría recibir de ellos.

Me atrevería a decir que la necesidad humana básica, el sentimiento más grande que podemos experimentar universalmente, es la dicha que sentimos cuando vemos que podemos enriquecer la vida. Jamás he conocido a nadie que no disfrutara dando a los demás, siempre y cuando lo haga voluntariamente. Creo que esto sucede cuando los demás confían en que no vamos a coaccionarlos para forzarlos a hacer y podemos seguir con el baile de la CNV, donde todos seguimos compartiendo nuestras necesidades y sentimientos. Y espero sinceramente que esto ya esté sucediendo. He probado sobradamente esta filosofía en mis relaciones.

3

SUPERAR EL DOLOR QUE HAY ENTRE NOSOTROS

Curación y reconciliación sin compromiso

Lo siguiente es un resumen de un taller que di el 4 de octubre de 2002. «Superar el dolor» se centra en sanar nuestras relaciones y nos aporta las habilidades para entender y resolver nuestros conflictos, para curar viejas heridas y para desarrollar relaciones satisfactorias mediante la CNV.

En este capítulo, encontrarás los pasos necesarios que has de dar para sanar o reconciliar cualquier relación conflictiva, ya sea en el trabajo, en casa, en la escuela o en tu comunidad. También te aportará una energía de empatía: la compasión y la «presencia» sincera necesarias para que se produzca la sanación. Las habilidades de comunicación no violenta nos empoderan para conseguir una paz duradera e incluso para prevenir que surjan los problemas. Únete a este diálogo y disfruta de la magia que nos aporta la comprensión de escuchar y hablar desde el corazón.

El taller empieza conmigo interpretando una situación planteada por uno de los asistentes.

SANAR LA AMARGURA

MARSHALL: ¿Qué puedo compartir con vosotros respecto a la sanación y la reconciliación que pueda cubrir vuestras necesidades? ¿De qué os gustaría que hablara? ¿O, tal vez, se os ha quedado el recuerdo de algo que os sucedió con alguien en el pasado y os gustaría que lo representáramos en «directo», en vez de limitarnos a hablar de ello?

PARTICIPANTE R: Me pregunto qué puedo hacer para superar o liberar mucho resentimiento que tengo hacia una persona.

MARSHALL: ¿Qué tal si uso la comunicación no violenta e interpreto el papel de la persona hacia la que sientes rencor? Yo interpretaré a esa persona, pero voy a hablar como alguien que vive la CNV. Lo único que has de hacer es decir lo que quieres decir. Vale, ¿entendéis el juego? Bien, ahora, ¿quién voy a ser?

PARTICIPANTE R: Mi hermano.

MARSHALL COMO HERMANO: Hermana, me conmueve mucho que quieras sanar el resentimiento que hay entre nosotros y el valor que estás demostrando. Para mí sería un gran regalo que compartieras lo que está vivo en ti en estos momentos en lo que respecta a nuestra relación. Solo di qué te está sucediendo, lo que sea.

PARTICIPANTE R: Tengo un verdadero problema ético contigo. No fuiste sincero conmigo, ni responsable, cuando nuestros padres estaban perdiendo facultades. Cuando recurrí a ti para que solucionáramos el tema, tú no estabas dispuesto a hacerlo. Solo querías mirar hacia otro lado. Siempre has hecho lo mismo, toda nuestra vida. Me dices que es mi problema, no quieres implicarte. No te importa nada de lo que me pase.

MARSHALL COMO HERMANO: Me has dicho muchas cosas, me has comunicado un montón de sentimientos distintos. Permíteme comprobar que te he entendido bien. Estoy percibiendo mucho resentimiento respecto a la necesidad de apoyo que tuviste en el declive de nuestros padres. ¿Estoy en lo cierto hasta el momento?

PARTICIPANTE R: Sí.

MARSHALL COMO HERMANO: Esa fue tu realidad, y ahora quieres que yo sea capaz de entender lo duro que fue para ti sobrellevar tanta carga, cuánto hubieras apreciado tener ayuda. Pero no solo no te la di, sino que también estoy oyendo que algunas de las cosas que hice desde entonces relacionadas con los temas familiares te han ocasionado mucho sufrimiento, que te hubiera gustado que hubiéramos tomado esas decisiones de otra manera.

PARTICIPANTE R: Sí.

MARSHALL COMO HERMANO: Sí, especialmente porque no fue la única ocasión en que sentiste que tus necesidades no estaban siendo tenidas en cuenta como a ti te hubiera gustado. ¿He entendido bien tu mensaje?

PARTICIPANTE R: Sí, sí.

MARSHALL COMO HERMANO: ¿Te gusto cuando llevo puestas las orejas de la empatía?

PARTICIPANTE R: Sí. ¿Serás mi hermano?

MARSHALL COMO HERMANO: Aún las llevo puestas, me gustaría escuchar lo que todavía vive en ti, lo que está pasando en tu interior.

PARTICIPANTE R: Dices que te gustaría que volviéramos a relacionarnos, pero yo no puedo. Tú simplemente no resuelves los conflictos de la familia y yo no quiero seguir viviendo así.

MARSHALL COMO HERMANO: Si estoy entendiendo bien, tu necesidad es protegerte del dolor que has sentido en el pasado, cuando pediste ayuda e intentaste resolver las cosas, pero no te ayudé. Ha llegado un momento en que ya te has hartado de esto. Es como si una parte de ti quisiera saber de mí, pero no si eso supone revivir el sufrimiento del pasado.

PARTICIPANTE R: Exacto. Sigo teniendo un dilema, porque no veo que funcione de ninguna manera. Si vuelvo atrás, no va a ser bueno para mí, pero permanecer alejados también me parece antinatural.

MARSHALL COMO HERMANO: Estás verdaderamente rota. Tienes dos necesidades. Una es la de que entre nosotros se produzca la reconciliación y la sanación. La otra es la fuerte necesidad de autoprotegerte. No sabes cómo conciliar ambas.

PARTICIPANTE R: Correcto.

MARSHALL COMO HERMANO: Es un conflicto muy doloroso.

PARTICIPANTE R: Así es.

MARSHALL COMO HERMANO: ¿Hay alguna cosa más, hermana, que te gustaría decirme, antes de que yo reaccione a lo que me has dicho?

PARTICIPANTE R: No.

MARSHALL COMO HERMANO: Al haberte escuchado con las orejas de la empatía, siento una tristeza muy profunda, porque me doy cuenta de que no he cubierto mis propias necesidades con las cosas que he hecho en nuestra relación: mi necesidad de cuidarte como me hubiera gustado, de contribuir a tu bienestar. Al ver que mis acciones han tenido justo el efecto contrario y el dolor que te han ocasionado, me invade una profunda tristeza y, en estos momentos, soy muy vulnerable. Me gustaría saber cómo te sientes al conocer mi tristeza.

PARTICIPANTE R: Probablemente te encuentres en la misma disyuntiva que yo, en el sentido de que no sabes cómo satisfacer mis necesidades sin sentirte muy incómodo.

MARSHALL COMO HERMANO: Quisiera darte las gracias por suponer eso. Lo que realmente desearía ahora es que solo escucharas lo triste que estoy por no haber podido satisfacer mi necesidad de contribuir a tu bienestar como me hubiera gustado.

PARTICIPANTE R: Te lo agradezco.

MARSHALL COMO HERMANO: Ahora, lo que me gustaría contarte es lo que me estaba sucediendo interiormente cuando hice aquellas cosas. Y creo que, de algún modo, tú ya has anticipado algo de eso. Me gustaría ser lo más claro posible. En primer lugar, respecto a no colaborar más cuando intentabas manejar el estrés que suponía estar con nuestros padres cuando estaban mal: algo interiormente me decía que tenía que ayudar y que era un miserable por no hacerlo. Entonces, como me sentía tan culpable, era incapaz de escuchar tu sufrimiento y tus necesidades con mis orejas de la escucha compasiva. Tus peticiones eran como exigencias para mí.

Estaba destrozado, porque quería ayudar, pero también me fastidiaba oír exigencias. Me sentía culpable y no sabía cómo gestionar todos los sentimientos que tenía en aquellos momentos, lo único que podía hacer era evitar todo aquello. Me gustaría saber cómo te sientes al escuchar todo esto.

PARTICIPANTE R: Tiene sentido... Aclara las cosas.

MARSHALL COMO HERMANO: Ahora bien, del mismo modo que tú estabas enfadada conmigo, yo también tengo sentimientos dolorosos que no he sabido cómo expresártelos, respecto a cosas que sucedieron en el pasado. Ojalá hubiera sabido cómo hablar de ello, pero con ese dolor interno y sin saber cómo expresarlo, a veces, se manifestaba como ira hacia ti. Desearía haber podido manifestarlo de otro modo. ¿Cómo te sientes al oír esto?

PARTICIPANTE R: Es bueno saberlo.

MARSHALL COMO HERMANO: ¿Hay alguna cosa más que quieres que escuche o que quieres oír de mí?

PARTICIPANTE R: Creo que lo que me gustaría es que superáramos esto de un modo que fuera cómodo para ambos. Así podríamos seguir avanzando. Es un conflicto que hemos de borrar. Y estoy dispuesta a escuchar lo que tengas que decir, estoy abierta al diálogo.

MARSHALL COMO HERMANO: Tengo una idea, dime qué te parece. ¿Cómo ves que, para empezar, las personas que están grabando este taller me envíen una copia de esta conversación? Y luego, tal vez estaría bien que me llamaras y me preguntaras si quiero seguir teniendo este tipo de diálogo, tal vez con la ayuda de una tercera persona.

PARTICIPANTE R: Sí, creo que es una excelente idea.

MARSHALL COMO HERMANO: Muy bien, vamos a hacerlo.

PARTICIPANTE R: Gracias.

Reacciones al juego de rol

MARSHALL: Muy bien, ¿algún comentario sobre esta situación? ¿Preguntas?

PARTICIPANTE S: ¿Qué recomendarías si no fuera posible enviar la grabación?

MARSHALL: Creo que hemos conseguido parte de la sanación que necesitaba la participante R, que nos ocupáramos de la herida. Ahora, quiere profundizar en la relación. Eso demuestra que no ha de estar cerca físicamente de su hermano para empezar a sanarse. No cabe duda de que ahora estaría bien profundizar en las cosas con él y avanzar, pero ella no tiene por qué depender de la disponibilidad de su hermano para que empiece su proceso de sanación. Para curarnos no necesitamos a la otra persona, especialmente si esa persona ya ha fallecido o está inaccesible. Afortunadamente, podemos curarnos *por completo* sin que la otra persona participe.

PARTICIPANTE S: A mí me parece muy importante que si tengo un problema con una persona que no puedo sanar por mí misma, haya alguien que pueda interpretar el rol de la CNV conmigo —como acabas de hacer ahora—, alguien que escuche mis problemas y que lo haga con empatía. Mi pregunta es: si no tengo un amigo de este tipo, ¿existe algún método para que pueda hacerlo por mí misma?

MARSHALL: Sí, creo que puedes hacerlo tú misma. Indudablemente, lo ideal, en el ejemplo que acabamos de ver, habría sido tener al hermano en persona. Eso habría tenido más fuerza. Podría haber interpretado su propio papel. Pero podemos hacerlo sin la persona.

Voy a aclarar uno de los principios importantes que utilizamos para hacerlo. En el juego de roles es muy significativo observar lo poco que hemos hablado del pasado. La hermana ha hecho una breve referencia a lo que yo hice, como hermano, pero no hemos entrado en detalles. Con el paso de los años, me he dado cuenta de que cuanto más hablamos del pasado, menos nos curamos de él. La mayor parte de nuestra conversación de roles ha sido sobre lo que estaba vivo en nosotros en estos momentos. Hemos hablado de lo que nos estaba sucediendo ahora. Hemos hablado del presente, de lo que ella sigue sintiendo a raíz de lo que sucedió en el pasado.

La mayor parte de las personas piensan que han de entender el pasado para curarse y que has de contar la historia para que te comprendan. Mezclan la comprensión intelectual con la empatía. La curación viene de la empatía. Contar la historia nos ayuda a entender intelectualmente por qué esa persona obró de ese modo, pero eso no es empatía y no nos ayuda en el proceso de sanación. De hecho, revivir la historia puede agudizar el sufrimiento. Es como revivir ese dolor.

Así que aunque no neguemos el pasado, y nos hayamos referido a lo que hizo el hermano, no hemos entrado en detalles. Por ejemplo, no hemos dicho: «Tuve que llevar a mamá a todas partes, y no solo eso, sino que cuando papá se puso enfermo, bla, bla, bla». Cuanto más hubiera hablado de ello, menos sanación habría conseguido. Sobre todo si lo hablas con la persona que te ha provocado ese dolor. No va a entender que lo que deseas es que entienda tu sufrimiento. Va a pensar que lo que pretendes es buscar una excusa para mandarla al infierno.

PARTICIPANTE S: He tenido la sensación de que el hermano tenía algún conflicto que no le había expresado a su hermana. ¿Y si alberga algún resentimiento contra ella?

MARSHALL: Como hermano, al final he dicho: «Yo también tengo sentimientos dolorosos y no he sabido cómo expresártelos». Eso es lo único que he de hacer. He dicho que todavía me dolían algunas cosas del pasado, razón por la cual necesitaba comprensión. Pero esa comprensión no significa que tenga que contar la historia, que tenga que seguir hablando del pasado. Solo significa que ella lo había captado. En sus ojos pude ver que lo había escuchado.

PRIMERA ETAPA DE LA CURACIÓN: CONEXIÓN EMPÁTICA

MARSHALL: Bien, lo primero que hemos de recordar, tanto si queremos curarnos a nosotros mismos como si queremos ayudar a otra persona a curarse, es *centrarnos en lo que está vivo ahora*, no en lo que ocurrió en el pasado. Si se trata de un tema del pasado, di cinco palabras, no más: «Cuando te marchaste de casa», «Cuando me pegaste» o cualquier otra cosa. La primera etapa de la curación implica sentir empatía por lo que está vivo ahora mismo en relación con lo que sucedió. En mi papel de hermano, he *conectado con empatía* con lo que está vivo en ella ahora. Para hacer esto se necesitan ciertas cosas.

El primer paso para la conexión empática es lo que Martin Buber denominó el regalo más valioso que un ser humano puede hacer a otro: presencia. En el papel del hermano, he estado totalmente presente con lo que estaba vivo en ella en estos momentos. No pensaba en lo que yo iba a decir a continuación o en lo que sucedió en el pasado.

Es un regalo difícil de hacer a otra persona, porque significa que no puedo recurrir a nada del pasado. Incluso el diagnóstico que hice de esa persona en el pasado interferiría en la senda de la empatía. Esta es la razón por la que mi formación clínica en psicoanálisis ha sido un impedimento para mí. El psicoanálisis me enseñó a reflexionar sobre lo que me contaba la otra persona y a interpretarlo intelectualmente, pero no a estar totalmente presente con ella, que es lo que realmente cura. Para estar verdaderamente presente, tuve que dejar de lado toda mi formación clínica, todos mis diagnósticos, todos mis conocimientos previos sobre el ser humano y su desarrollo. Todo eso solo me aporta entendimiento intelectual, que bloquea la empatía.

Lo mejor que se me ocurre para describir lo que es para mí la empatía es decir que es como estar surfeando. Intentas aprovechar la energía de la ola, intentas escuchar lo que está vivo ahora. Intento acoplarme al ritmo de vida de la otra persona. Y a veces con mirar al suelo puedo conseguir más que mirándola y distrayéndome con otras cosas.

PARTICIPANTE S: Sin embargo, me he dejado llevar por la lástima.

Empatía y lástima

MARSHALL: Lástima o empatía, veamos cuál es la diferencia. Si tengo sentimientos intensos, el hecho de ser consciente de ellos es lástima, no empatía. Así que si hubiera sido el hermano y hubiera dicho: «Vaya, me entristece oír esto», eso habría sido lástima, no empatía. ¿Recuerdas alguna vez que te doliera algo, quizás tuvieras un dolor de cabeza o de muelas, y te pusiste a leer un buen libro? ¿Qué pasó con el dolor? No eras consciente de él. El dolor seguía estando, me refiero a que el problema físico seguía estando, pero tú no estabas en casa. Estabas fuera, de visita. Esto es empatía. Estabas visitando el libro.

Con la empatía, estamos con los sentimientos de la otra persona. Esto no significa que los sintamos. Simplemente, estamos con ella cuando los está sintiendo. Ahora bien, si aparto mi mente de ellos un segundo, tal vez observe mis sentimientos intensos. Si es así, procuro no acallarlos. Mis sentimientos me están diciendo que no estoy con la otra persona, que he vuelto a casa. Así que me digo: «Vuelve con ella».

Sin embargo, si mi dolor es demasiado grande, no puedo sentir empatía. Así que tal vez diga: «Siento tanta lástima en este momento, después de escuchar lo que me has dicho, que no puedo escuchar. ¿Podrías concederme unos minutos para procesarlo y volver a escucharte?».

Es importante que no confundas la empatía con la lástima, porque cuando alguien está sufriendo y le digo: «Ay, entiendo cómo te sientes, y me sabe muy mal», estoy apartando mi energía de esa persona y estoy trasladando mi atención hacia mí mismo.

A veces, utilizo la frase que mucha gente odia de la CNV: creo que la empatía requiere que «aprendamos a disfrutar del dolor de la otra persona». Pero ¿por qué uso semejante frase? Cuando solía venir a San Diego, una amiga me llamaba por teléfono y me decía: «Ven a verme y juega con mi sufrimiento». Ella sabía que yo entendía lo que quería decir con eso. Se estaba muriendo de una enfermedad muy dolorosa y solía decirme que lo que la empeoraba era tener que afrontar las reacciones de las otras personas a su dolor. Las reacciones que surgían de sus bondadosos y solidarios corazones le creaban tantos problemas que prefería estar sola con su sufrimiento a terminar consolando a los demás. Y me decía: «Por eso me gusta que vengas, Marshall, porque no tienes compasión. Eres un miserable hijo de p%&$. Sé que puedo hablar contigo y que no te importa nadie más que tú mismo».

Sabía que entendía la «CNV idiomática» y que para mí era un placer en el sentido de que, tanto si los demás experimentan dolor como alegría, el hecho de estar presentes con ellos de cierta manera, es algo muy valioso. Prefiero que experimenten alegría, por supuesto, pero es precioso estar con ellos y con lo que está vivo en su interior. Eso es lo que mi amiga quería decir con «juega con mi sufrimiento».

Estar presente con sentimientos intensos

PARTICIPANTE S: ¿Cómo lo haces para estar presente sin dejarte llevar por todos esos sentimientos?

MARSHALL: No siempre sé cómo hacerlo. Hace un tiempo, intenté dirigir un trabajo de sanación con una mujer argelina que quería que la ayudase en esto. Los extremistas la habían sacado de su casa y obligado a mirar cómo ataban a su mejor amiga a un coche y la arrastraban hasta acabar con su vida. Luego, la volvieron a meter en su casa y la violaron delante de sus padres. Iban a volver al día siguiente para matarla, pero consiguió un teléfono y llamó a unos amigos míos de Ginebra que la ayudaron a huir en mitad de la noche.

Recibí una llamada de estos amigos en mi residencia de Suiza, y me dijeron:

—Marshall, ¿puedes hacerle un trabajo de sanación a esta mujer?

Me contaron lo que le había sucedido.

—Estoy impartiendo una formación durante el día, pero decidle que venga por la noche —les dije.

—Aquí está el problema, Marshall. Le hemos explicado cómo trabajas y que interpretarás el papel de la otra persona. Tiene miedo de matarte.

—¿Le habéis explicado que es un juego de roles, que no soy su agresor?

—Lo entiende. Pero dice: «Me basta con imaginar que es esa persona para matarlo. Sé que lo haré». Además, has de saber que es una mujer corpulenta.

Les di las gracias por avisarme.

—Os diré una cosa. Voy a tener un intérprete en la habitación. Quizás se sienta más segura al saber que habrá otra persona con nosotros. En mi curso hay un muchacho de Ruanda que, después de todo lo que ha pasado, no creo que se asuste de nada. Preguntadle si se sentirá segura si este chico de Ruanda está con nosotros para ayudarme si lo necesito.

Así que estas eran las condiciones bajo las cuales fue a verme.

Volviendo a tu pregunta, cuando empecé a escuchar el dolor de esa mujer, la magnitud de su sufrimiento, hubo dos veces que dije: «Descanso, descanso. Necesito tiempo». Tuve que salir al vestíbulo para serenarme internamente y poder regresar a la sala. No podía volver a verla como si nada. Lo único que deseaba en aquellos momentos era encontrar a aquellos hombres y practicar con ellos un poco de «terapia de Detroit».* Necesité veinte minutos de trabajo interior, antes de poder volver a verla.

Lo que quiero decir es que a veces mi dolor es tan grande que no soy capaz de estar todo lo presente que me gustaría. Y me he dado cuenta de que eso es un gran problema. Normalmente, la otra persona lo entiende.

PARTICIPANTE S: ¿No crees que hay veces que compartir ese dolor con la otra persona puede ayudar?

MARSHALL: Muchas veces lo hago. Le digo: «Siento tanto dolor que ahora no puedo escucharte. ¿Quieres oír cómo expreso mi dolor o estás sufriendo demasiado como para hacerlo? Puedo decir que la mitad de las veces, la otra persona quiere oírlo y puede hacerlo. Así que es otra opción. No obstante, en este caso, ella lloraba tan fuerte y gritaba tanto que no tenía la menor esperanza de que fuera capaz de escuchar mis sentimientos.

---

* N. de la T.: El autor hace referencia al barrio de Detroit en el que creció, en el cual la violencia callejera extrema era algo habitual.

Pasos de la empatía

MARSHALL: Volvamos a los pasos de la empatía. *Primero*, la empatía exige presencia, estar concentrado en lo que está vivo en la otra persona en el momento presente, en sus sentimientos y necesidades. *Segundo*, requiere que revisemos las cosas con la otra persona, asegurarnos de que conectamos con sus sentimientos y necesidades. Los dos pasos que he mencionado hasta ahora se pueden hacer en silencio, estando totalmente presentes y prestando atención a sus sentimientos y necesidades.

También podemos revisar nuestra comprensión verbal, expresando en voz alta los sentimientos y necesidades que percibimos. Recordemos que nuestra intención es sentir y generar empatía, no practicar una técnica mecánica. La razón principal por la que revisamos en voz alta es para asegurarnos de que estamos conectando con los demás. No queremos que piensen que les estamos atribuyendo otra cosa. Así que cuando comprobamos, lo hacemos de manera que se den cuenta de que no estamos seguros de estarlos entendiendo correctamente y que nos gustaría verificar que hemos comprendido lo que han querido decir.

La otra condición que nos permite ratificarlo, aunque ya estemos bastante seguros de lo que hemos oído, se produce cuando sentimos que se vuelven muy vulnerables al decir lo que han hecho. Si nosotros estuviéramos en esa posición, también agradeceríamos que los oyentes nos confirmaran que lo han entendido. Estas son las dos únicas razones por las que comunicamos nuestra empatía en voz alta, en vez de en silencio.

No hace mucho, estuve en Dinamarca trabajando con una mujer que sufría enormemente. Al menos pasaron veinte minutos. Expresó su dolor de una manera muy hermosa, pero lo hizo sin tapujos. Para mí fue muy fácil comprender lo que estaba vivo en ella. No sentí la menor necesidad de expresarlo en voz alta, así que estuvimos veinte minutos en silencio. Al final, se levantó de un salto y me dijo: «Gracias por tanta empatía, Marshall». No había dicho ni una palabra. Estuve con ella todo el tiempo. Lo sintió sin haber mediado palabra.

PARTICIPANTE R: De modo que con la empatía estás vacío de ti mismo y lleno de la otra persona.

MARSHALL: Con la empatía, estoy plenamente *con* ellos, no lleno *de* ellos, eso es sentir lástima.

El *tercer* paso para empatizar es estar presente hasta que dan muestras de haber terminado. Tened en cuenta que el primer mensaje o los dos primeros que nos dan no son más que la punta del iceberg; no hemos llegado al fondo. Hay un par de signos que nos ayudan a determinar si ya han percibido suficiente empatía. Uno de ellos es el alivio que puedes sentir en ellas: la empatía sienta muy bien. De modo que si han obtenido la empatía que necesitaban, notarás el alivio, lo sentirás en tu cuerpo. Cualquiera que esté en la misma habitación lo notará. Otro signo suele ser cuando dejan de hablar. El *cuarto* paso no sucede hasta que se produce el alivio. Durante el proceso de empatía, si cada vez que yo entiendo algo y vuelven a la carga con «sí, bla, bla, bla, bla», es una señal de que necesitan más empatía. Pero cuando sienten que se ha aliviado su tensión, cuando me doy cuenta de que han dejado de hablar, es probable que ya hayan recibido la empatía que necesitaban. Pero siempre confirmo diciéndoles: «¿Hay algo más que te gustaría decir?». He aprendido a ser muy lento y cuidadoso a la hora de apartar mi atención de la otra persona para dirigirla hacia mí; por eso nunca está de más volver a comprobarlo.

Sería de gran ayuda que las personas con las que estamos trabajando la empatía supieran decir: «He terminado», pero la mayoría no saben. Y la mayor parte de las veces, incluso después de la empatía, quieren algo más. Nuestro *quinto* paso, entonces, es empatizar con su petición «posempática» o el extra que nos están pidiendo. Puede que nos pidan información sobre cómo nos sentimos tras haberlas escuchado, especialmente si se han expuesto mucho.

Es muy humano querer saber cómo ha afectado a la otra persona lo que le has transmitido. Aun así, la mayoría de la gente no sabe cómo pedirlo. Así que si, después de la empatía, veo que me están mirando, suelo decir: «¿Quieres saber cómo me siento respecto a lo que has dicho?». Unas veces sí quieren, pero otras no. Además de querer información sobre cómo se siente la persona que empatiza, hay veces que la petición posempática es que les dé algún consejo para satisfacer sus necesidades. No obstante, cuando se trata de un niño, nunca le deis consejos a menos que recibáis una petición por escrito firmada por un abogado. Comprobad tres veces que el menor quiere consejo, porque casi siempre, mi primera reacción es saltarme la empatía y pasar directamente al consejo.

LAS CUATRO ETAPAS DE LA SANACIÓN

La primera etapa de la sanación: la empatía

Hemos empezado conmigo interpretando el papel de otra persona —el hermano— que da empatía a su hermana por su sufrimiento. Al estar con ella, he sentido que le gustaría que hubiera algo de verificación y he comprobado en voz alta la mayor parte del tiempo. He procurado estar presente por completo con sus sentimientos y necesidades. Pero observad que he hecho todo esto en el papel del hermano. ¿Por qué no lo he hecho siendo yo mismo? ¿Como Marshall? Creo que cualquiera que le hubiera dado empatía la habría ayudado a sanarse. Sin embargo, la experiencia me ha enseñado que tiene mucha más fuerza cuando la empatía está más cercana a la realidad de la persona. En este caso, si el hermano hubiera estado aquí, yo lo habría ayudado a que entregara esa empatía a su hermana. Pero al no estar él presente, he interpretado su papel.

Resumiendo, la primera etapa del proceso de sanación es brindar empatía a aquel que la necesita. Hay tres formas de hacerlo: puedes darla como tercera persona, puedes darla interpretando el papel de la otra parte implicada o puedes ayudar al individuo implicado a que sea él mismo quien la brinde.

La segunda etapa de la sanación: duelo en la CNV

El segundo paso en el proceso de sanación es el duelo. Cuando he interpretado el papel del hermano, después de haber empatizado, he pasado un duelo. Aquí tenéis cómo ha sido: «Hermana, ahora que veo cómo han contribuido mis acciones a tu sufrimiento, me pongo muy triste. No cubrieron mi necesidad de cuidarte y apoyarte como realmente me hubiera gustado».

Aquí, lo principal es que nos obliga a ver la gran diferencia que existe entre el duelo y la disculpa. Para mí, la disculpa es un acto muy violento. Lo es tanto para la persona que la ofrece como para la que la recibe. Lo más trágico es que a quien la recibe suele gustarle; nuestra cultura nos ha hecho adictos a querer que quien se disculpa sufra y se odie a sí mismo. No obstante, he descubierto que la gente no se disculpa nunca o no siente la necesidad de hacerlo cuando han pasado un duelo sincero por sus acciones. Veamos la diferencia entre duelo y disculpa con más detalle.

La disculpa se basa en un juicio moralista de que lo que he hecho estaba mal y que he de sufrir por ello, incluso debería odiarme por mis actos. Eso es radicalmente opuesto al duelo, que no se basa en juicios moralistas. El duelo se basa en juicios de valor que fomentan la vida. ¿Cubrí mis necesidades? No. Entonces, ¿qué necesidad no cubrí?

Cuando conectamos con nuestras necesidades no cubiertas, jamás sentimos vergüenza o culpa, nos enfadamos con nosotros mismos o nos deprimimos, como cuando sentimos que lo que hicimos estuvo mal. Sentimos tristeza, una profunda tristeza, a veces frustración, pero nunca depresión, culpa, ira o vergüenza. Estos cuatro sentimientos nos indican que estamos realizando juicios morales. La ira, la depresión, la culpa y la vergüenza son fruto del pensamiento que es la esencia de la violencia en nuestro planeta. Y me alegro de tener esos sentimientos, porque si pienso de una forma que creo que favorece la violencia en nuestro planeta, quiero transformarla lo antes posible.

En nuestro segundo paso, he atravesado por un duelo; no me he disculpado, he respetado mi duelo.

Desbloquearse

PARTICIPANTE R: En tu trabajo, ¿te encuentras con personas que inician un duelo y no hallan la manera de completarlo?

MARSHALL: No, generalmente lo que nos tiene atrapados es el pensamiento moralista y juzgar. Me gusta la manera en que el antropólogo Ernest Becker lo expone en su libro *The Revolution in Psychiatry* [La revolución en la psiquiatría]. Coincidía con el psiquiatra Thomas Szasz en que la «enfermedad mental» es una trágica metáfora, pero él, además, mostró una forma distinta de contemplar el fenómeno.

La definición de depresión de Becker se relaciona con tu idea de quedarte bloqueado y nunca salir de ese estado: «La depresión se debe al arresto de las alternativas cognitivas». Esto significa que nuestro pensamiento nos impide ser conscientes de nuestras necesidades y poder realizar las acciones pertinentes para satisfacerlas.

Veamos el ejemplo de alguien que vive la etapa de duelo y que no puede superarla. Esa persona piensa obsesivamente: «Soy una porquería de padre. Si hubiera tratado a mi hijo de otro modo, no habría huido de casa y no lo habría atropellado el tren al huir de mí. Debería haberme dado cuenta. ¿Qué me pasa? Soy un padre horrible». Puedes hacerte una idea. Ese tipo de pensamiento puede estar en su cabeza durante años y la persona jamás puede superarlo. Pero eso no es duelo. Eso es quedarse atrapado en el pensamiento moralista del «debería». No conduce a nada. «Soy una persona horrible» es un pensamiento estático. Eso es lo que nos bloquea.

PARTICIPANTE R: ¿Podrías repetir esa cita y explicarla un poco más?

MARSHALL: «La depresión se debe al arresto de las alternativas cognitivas». Traducido a mi idioma significa que nuestra forma de pensar es lo que impide que seamos conscientes de nuestras necesidades y que demos los pasos para satisfacerlas. Nos quedamos atrapados en nuestros pensamientos.

Os pondré otro ejemplo. Trabajo con personas muy deprimidas etiquetadas como «bipolares» o a las que se les diagnostica una «reacción depresiva» según el caso. Cuando llega el paciente, este se sienta en el sillón muy deprimido, y piensa: «Oh, no quiero vivir». Si uso el lenguaje empático de la CNV y le pregunto: «¿Podrías decirme qué necesidades tienes que no están cubiertas?», lo que suele contestar es: «Soy un fracasado». Le pregunto por sus necesidades, pero me responde qué tipo de persona es: «Soy un mal amigo».

También nos bloqueamos cuando nos comparamos con otra persona: «Mi hermana es dos años más joven que yo y dirige su propio negocio. Mírame a mí. Yo solo soy ayudante de supervisor». Al comparar me bloqueo. Si te comparas con los demás puede ser porque hayas leído el libro de Dan Greenburg *How to Make Yourself Miserable* [Cómo hacerte infeliz a ti mismo]. En uno de los capítulos, dice que si no sabes cómo deprimirte, compárate con otras personas. Y si no sabes cómo hacerlo, te da algunos ejercicios. En uno de ellos, muestra la foto de un hombre y una mujer considerados guapos, según los estándares actuales. En la foto se indican todas sus tallas. El ejercicio consiste en que te midas y que compares tus medidas con las de estos modelos de belleza y pienses en la diferencia. Aunque empieces estando contento, te garantizo que cuando hagas el ejercicio, acabarás deprimido. Greenburg no se detiene ahí. Cuando piensas que ya no te puedes deprimir más, pasas la página y lees:

Esto solo es el calentamiento, porque todos sabemos que la belleza es interior y que esto no importa. Comparémonos con personas en las dimensiones que importan. Como lo que has conseguido en esta etapa de tu vida con otras personas que he elegido al azar de la guía telefónica. Entrevisté a esas personas y les pregunté qué habían conseguido, y ahora ya puedes compararte.

La primera persona que había elegido fue Mozart. No sé mucho sobre la vida del músico, pero no creo que tuviera teléfono, así que no acabo de confiar en Greenburg. Pero, de todos modos, dice que este hombre, Mozart, escribió varias composiciones musicales que han hecho historia por ser consideradas obras maestras, etcétera, etcétera.

PARTICIPANTE R: Empezó a los cinco años.

MARSHALL: Empezó a los cinco años. Ahora compara lo que has conseguido tú hasta ahora con lo que había conseguido Mozart a los cinco años. Como puedes ver, compararte con los demás no te lleva a ninguna parte. Puede convertirse en una obsesión de la que no puedas librarte jamás. Este tipo de pensamiento se enseña en las escuelas y está patrocinado por los fabricantes de antidepresivos. Cuanto más pienses de ese modo, más negocio para ellos.

La tercera etapa de la sanación: reconocimiento de las necesidades del pasado

Revisemos brevemente las etapas que hemos visto. En la primera, la hermana recibió empatía de mí en mi rol del hermano. En la segunda, el hermano pasó un duelo —no disculpas, sino duelo— y eso supuso tomar conciencia de sus necesidades no cubiertas. También expresé los sentimientos que acompañaban a esas necesidades no satisfechas. En la tercera etapa del proceso de curación, el hermano reconoce a la hermana lo que le sucedía cuando obró de ese modo. Así que, en el papel del hermano, le expliqué: «Me gustaría decirte lo que me estaba pasando cuando estaba actuando de ese modo. En mi cabeza tenía los mensajes que me decían que tenía que ayudarte, oía que venían de fuera de mí. Comprende, hermana, que no te estoy diciendo que fueras tú quien me los decía, pero los interpretaba como una exigencia. Así que estaba destrozado: por una parte quería ayudarte, pero por otra, mi necesidad de ser libre se veía amenazada por todas las imposiciones que oía dentro y fuera de mí».

La cuarta etapa del proceso de sanación: empatía inversa

En la cuarta etapa, le damos la vuelta a la empatía. En esta etapa final del proceso de sanación —conseguir empatía de la persona que actuando de ese modo provocó tu dolor— es muy importante que lo hagamos cuando la persona afectada está preparada para empatizar. Casi siempre, quienes han sufrido mucho me cuentan que alguien les ha dicho: «Deberías empatizar con la otra persona. Si lo haces, te sentirás mejor». Creo que es cierto que se produce una sanación profunda cuando podemos sentir empatía por lo que le ha sucedido a la persona que nos ha violado o que nos ha hecho daño. Pero pedirle a alguien que haga eso, antes de haber recibido la empatía que necesitaba, es un acto más de violencia contra ella.

Otro ejemplo más: volvamos a la mujer argelina y a la parte del proceso en que iba a interpretar el papel de la otra persona, a expresar lo que estaba viviendo (él) cuando yo (él) la violé de aquel modo tan terrible. Ella me gritó dos veces: «¿Cómo pudiste hacerlo?». Me preguntaba «¿cómo?» porque la gente siente la necesidad de entender. Pero cada vez que lo decía, me daba cuenta de que todavía sentía demasiado dolor como para escuchar y brindarme su empatía.

Como he dicho, tardo mucho tiempo en llegar a estas dos últimas etapas del proceso. Quiero asegurarme de que la otra persona ha recibido la empatía que necesita. Así que digo: «Te diré cómo, pero primero quiero asegurarme de que recibes toda la comprensión que necesitas». Cuando termina esa parte, la mujer —o cualquier otra persona— suele estar deseando empatizar conmigo, es decir, con aquel que le ha hecho daño.

EL PROCESO FRENTE A LA MECÁNICA

PARTICIPANTE S: Una vez, estaba practicando la CNV con otro practicante. Lo que realmente me molestaba es que cuando intentaba hacerlo, la otra persona que también estaba practicando me decía: «Vale, no has expresado tus sentimientos» o «No has hecho...». Quizás la práctica ha de ser un poco mecánica al principio, pero ¿no puede ser la técnica un poco más natural? Si me salto un paso, quiero tener libertad para hacerlo. Por ejemplo, has dicho que después de la empatía viene el duelo. Si me fijo tanto en la estructura que pienso que lo he de hacer todo literalmente, si no tengo ganas de pasar el duelo, me voy a engañar a mí mismo, que es justamente lo opuesto a lo que creo que estás sugiriendo que hagamos. Realmente, siento la necesidad de recordarme que la técnica es una gran ayuda, pero eso no funcionará conmigo si no soy sincero con lo que estoy sintiendo en ese momento.

MARSHALL: Me gusta mucho lo que estás diciendo. Una mujer de Zúrich, Suiza, dijo lo mismo pero de un modo algo distinto. Vino a uno de mis talleres y vio el trabajo que hice con un matrimonio, lo que sucedió cuando ambos conectaron con empatía en un conflicto que hacía años que tenían. Se dio cuenta de lo hermoso que era ver la energía en sus rostros; por primera vez en mucho tiempo, no se veían como enemigos y se estaban escuchando el uno al otro. Y se trataba de un conflicto muy doloroso, que tenían desde hacía quince años. La mujer suiza regresó al cabo de un año y me dijo: «Sabes, Marshall, desde que asistí a tu taller, cada vez que estoy en una situación difícil, recuerdo los rostros de aquella pareja cuando consiguieron conectar con empatía. Entonces, cuando hablo con dureza u ofensivamente, aun así sigue siendo CNV». Ella lo había interpretado como lo has hecho tú ahora. La mecánica solo es útil en la medida en que nos ayuda a conectar de algún modo. Si nos preocupamos tanto por la mecánica que se convierte en nuestro único objetivo, habremos perdido la esencia del proceso.

Este es uno de los aspectos más difíciles de nuestra formación, porque una de las cosas que dice la gente sobre ella es que realmente les ayuda a manifestar de formas concretas lo que siempre habían creído. Les gusta el hecho de que sea una manera de manifestar algo concreto. No obstante, esa misma concreción puede suponer una desventaja cuando «hacerlo bien» se convierte en el objetivo.

IR MÁS DESPACIO Y TOMARTE TU TIEMPO

PARTICIPANTE R: Siempre estoy batallando para conseguir que mi cuerpo baje el ritmo e ir más despacio en mis relaciones, a fin de estar más presente conmigo mismo, con otras personas y con la vida. Te veo hacer esto constantemente en tus viajes. Me resultaría inspirador y útil oír de tu boca que no siempre has sido así de *lento* y me gustaría saber algo más sobre tu evolución hacia esta forma de ser.

MARSHALL: Creo que está relacionado con lo que decía el participante S. En medio de esta carrera de locos, es muy importante para mí saber cómo utilizar las tres palabras que, probablemente, me he dicho más veces a mí mismo en los últimos cuarenta años: *tómate tu tiempo*. Estas tres palabras te dan el poder de elegir tu propia espiritualidad, no aquella para la que te han programado.

En mi material de meditación, tengo una foto muy poderosa que me ayuda a recordarme que me tome mi tiempo. Un amigo mío de Israel tiene un papel muy activo en organizar encuentros entre israelíes y palestinos que han perdido hijos en los enfrentamientos y que desean crear algo nuevo de tanta desgracia. Uno de los pasos para conseguirlo ha sido escribir un libro en honor del hijo que había perdido; utilizó su energía del sufrimiento para encaminarse en otra dirección. Me entregó una copia del libro. Y aunque estaba escrito en hebreo y yo no podía leerlo, me alegro de que lo hiciera, porque lo abrí, y en la primera página está la última foto que le hicieron a su hijo antes de morir en la batalla del Líbano. En la camiseta que llevaba puesta ponía: «Tómate tu tiempo». Le pregunté a mi amigo/autor si tenía una foto de tamaño más grande para dármela y que me sirviera para recordar esa frase. Le expliqué por qué esas tres palabras eran tan importantes para mí. «Voy a decirte algo, Marshall, esto probablemente hará que todavía sean más importantes. Cuando fui a ver al oficial al mando le pregunté: "¿Por qué lo enviaste? ¿No te dabas cuenta de que a cualquiera a quien le hubieras encomendado esa misión habría muerto?". Y aquel hombre me respondió: "No teníamos tiempo que perder". Esta es la razón por la que puse esa foto de mi hijo».

Para mí es esencial haber reducido el ritmo de mi vida, tomarme mi tiempo, actuar con la energía que yo he elegido, no con la que me han programado.

Mi amigo israelí también me dijo: «Marshall, te voy a dar un poema escrito por un israelí, a quien también le impactó la foto del mismo modo cuando la vio». La primera línea del poema dice: *Tómate tu tiempo, es tuyo, ¿sabes?* Y tengo que seguir trabajando en ello, porque como mi amada pareja siempre me recuerda, a veces, se me olvida y empiezo a correr.

EMPATÍA POR AQUELLOS QUE TE PUEDEN HERIR

PARTICIPANTE R: Te he escuchado decir que es menos probable que los niños sean maltratados por alguien si empatizan con la persona que está dispuesta a pegarles. Supongo que esto también vale para los adultos. ¿Tienes alguna sugerencia o frase de urgencia que puedan utilizar en ese momento?

MARSHALL: Sí. Lo primero que les enseñamos es a no usar nunca la palabra *pero* delante de su padre cuando está enfadado. Así que cuando papá dice: «¿Por qué has hecho esto?», no respondas: «Pero, papá...». Nunca des una explicación.

Por el contrario, lo que has de hacer, lo antes posible, es prestar atención a sus sentimientos y necesidades. Ser consciente de que no está enfadado contigo, que no has sido tú quien le ha hecho enfadar. Escucha su rabia y escucha qué necesidad tiene que no puede satisfacer. Practicamos, practicamos y practicamos esto. Pero una cosa es la teoría y otra muy distinta es cuando alguien está a punto de pegarte. Hay que aprender a conectar con empatía con lo que está vivo en esa persona en esos momentos. Enseñamos a la policía a hacer eso en los momentos de peligro. Hay muchas investigaciones que confirman que un policía tiene más probabilidades de salir con vida, cuando se enfrenta a personas violentas, si lleva el arma de la empatía que si lleva una pistola.

Pero pedir a los niños que hagan esto es un reto mucho mayor. Así que hemos de facilitarles mucha práctica. Si estás con padres que piensan que siempre saben lo que es correcto y que quienes lo hacen mal han de ser castigados, es probable que tú también pegues a tu propio hijo. Hasta que podemos conectar con los padres con los que conviven esos niños, les enseñamos la mejor autodefensa que conocemos: la conexión empática.

GESTIONAR TU PROPIA CONDUCTA VIOLENTA

PARTICIPANTE S: ¿Cómo gestionas tu propia conducta personal cuando te has comunicado con otra persona y has pasado por muchas cosas, y llegas a un punto en que sientes que vas a explotar? Cuando estás en un atasco de tráfico, cuando vas al aeropuerto o en cualquier otra circunstancia.

MARSHALL: Si me sigues esta tarde cuando me marche de aquí, probablemente observarás al menos veinte situaciones de ese tipo, hasta que llegue a Santa Bárbara esta noche. Mi pareja está durmiendo ahora, si no lo ratificaría.

PARTICIPANTE S: ¿Y realizas todo el proceso de tranquilizarte mentalmente y hacer todo eso?

MARSHALL: Sí. Lo que pasa es que ahora sufro unos treinta segundos, mientras que antes sufría unas tres horas. Pero todavía me exalto. Existe esta terrible raza de personas violentas, malvadas, denominadas «personas que no se mueven lo bastante rápido». Cuando quiero avanzar en la cola de los billetes y sentarme para relajarme, los individuos de esta especie —estos imbéciles— que están por todo el planeta se colocan allí para sacarme de quicio. Creo que hay un complot internacional para poner a prueba mi paciencia en la CNV.

PARTICIPANTE S: Entonces, ¿tienes algún truco o recurso especial? ¿Cuentas hasta diez o algo así?

MARSHALL: No, mi ira es valiosa. Es una bendición. Cuando estoy enfadado sé que tengo que ir más despacio y observar qué me estoy diciendo a mí mismo, he de traducir los juicios de valor que hacen que me enfade y conectar con mis necesidades.

PARTICIPANTE S: Así que ¿crees que la ira está justificada en ciertas situaciones?

MARSHALL: La ira siempre está justificada en el sentido de que es el resultado inevitable del pensamiento alienado de la vida* y provocador de violencia. El problema no es la ira. El problema es lo que pensamos cuando estamos enfadados.

PARTICIPANTE S: ¿Y cuál es el proceso que utilizas para gestionarlo?

MARSHALL: Me tomo mi tiempo y disfruto del espectáculo de juicios de valor que tiene lugar en mi mente. No me digo a mí mismo que no «debería» pensar de este modo. Eso fomentaría su continuidad. No quiero decir que esté mal. No me digo a mí mismo lo que me preguntó una vez mi hijo, cuando expresé en voz alta lo que me decía mi mente: «¿Tú vas por el mundo enseñando comunicación?». Intento no decirme: «No creo que esté justificado». Simplemente lo veo, conecto con la necesidad y soy empático conmigo mismo. Escucho la necesidad que se esconde tras el pensamiento moralista.

Por ejemplo, tal vez me frustro, porque me gustaría que la cola fuera más rápida, pero en los diez minutos que voy a estar en ella, no voy a estresar más mi corazón. (Por cierto, las investigaciones médicas muestran una correlación entre el pensamiento del tipo A, que es

---

* N. de la T.: Un pensamiento alienado de la vida es aquel en el que empleamos juicios moralistas o de valor que presuponen una actitud errónea o malvada por parte de las personas que no actúan de acuerdo con nuestros valores. (Fuente: *Comunicación no violenta. Un lenguaje de vida*, Marshall B. Rosenberg, p. 29).

el que yo llamo moralista o crítico, y las enfermedades cardíacas). Así que prefiero calmar el estrés de mi corazón a unas treinta pulsaciones por minuto, en lugar de estar en esa cola diez minutos, enfadado con la persona que tengo delante que está acaparando tanto tiempo hablando con la persona que está en la ventanilla. «¿No se da cuenta de que estoy aquí detrás?». Puedo optar por que me devore el estrés o por transformar esa frustración. Si voy más despacio, puedo preguntarme qué podría hacer en esos diez minutos. Podría llevar algo para leer en la cola.

PARTICIPANTE S: ¿Es la meta última conseguir que nada nos afecte? ¿Es eso lo que buscas?

MARSHALL: La meta última es pasar tantos momentos en la vida como pueda en ese mundo que el poeta Rumi describe como «un lugar más allá del bien y del mal».

APRENDER A TRATAR A UNA PERSONA DIFÍCIL

PARTICIPANTE S: Aparte del bien y del mal, creo que todos tenemos nuestros condicionamientos, cierta química y tendencia a abrirnos con unas personas más que con otras, según nuestra educación, nuestros hábitos personales y demás. Muchas veces, no sé cómo abrirme sinceramente y ser agradable con personas que son diferentes, muy diferentes de mí. Y no me estoy refiriendo al racismo. Puede que se trate solo de personas con costumbres distintas, diferentes formas de afrontar las cosas, y francamente no sé cómo desarrollar genuinamente más tolerancia. En esta sociedad políticamente correcta que dice que hemos de ser tolerantes todavía cuesta más.

MARSHALL: En primer lugar, elimina el verbo *debería*. En cuanto pienso que «debería» hacerlo, me resisto a ello, aunque realmente desee hacerlo. Oír un «debería», tanto desde dentro como desde fuera, le quita toda la dicha que encontraríamos haciéndolo. Procuro no hacer nunca lo que debería. Por el contrario, sigo el consejo de Joseph Campbell. Después de cuarenta y tres años estudiando religión comparada y mitología, dijo: «Después de tantas investigaciones, es increíble descubrir que todas las religiones dicen lo mismo: no hagas nada que no te resulte divertido». No hagas nada que no sea un juego. También lo dijo de otro modo: «Persigue tu dicha». Conecta con la energía de cómo hacer que el mundo sea divertido y un aprendizaje.

Hablemos un momento sobre la «tolerancia». Hay muchas personas con las que no soporto estar, y son mis mejores maestras. Me enseñan lo que está pasando en mi interior que hace que me cueste ver la energía divina que hay en ellas. Deseo aprender de todo aquello que me impide conectar con esa energía. Afortunadamente, hay mucha gente a la que no soporto; por lo tanto, tengo muchas oportunidades de aprender. Practico. Me pregunto: «¿Qué hacen estas personas que me incitan a juzgar?». Primero, intento tener claro qué hacen y, segundo, procuro tomar conciencia de cómo estoy juzgando a quienes tanto me irritan. El tercer paso es tratar de averiguar qué es lo que ocultan esos juicios de valor, para descubrir qué necesidad mía no estoy cubriendo con respecto a esas personas. Procuro sentir empatía hacia mí mismo: «Cuando la gente hace eso que no me gusta, ¿qué necesidades personales están intentando cubrir?». Procuro sentir empatía con lo que está vivo en ellas cuando lo hacen. Estas personas a las que no soporto son mis mejores maestras de CNV, si hago este ejercicio con ellas.

IR CONTRA LAS MADRES

PARTICIPANTE S: Me gustaría saber si estás dispuesto a ayudarme a sanar mi relación con mi madre. Voy a ir a verla en Acción de Gracias.

MARSHALL: Vamos allá. Yo seré tu madre y tú serás tú mismo.

MARSHALL COMO MADRE: Bien, hijo, ahora llevo mis orejas de la empatía y me gustaría mucho oír todo lo que está vivo en tu interior en este momento, que hace que para ti estar conmigo no sea una experiencia del todo agradable.

PARTICIPANTE S: ¿Por dónde empiezo?

MARSHALL COMO MADRE: Ah, bien, puedo aprender mucho.

PARTICIPANTE S: Me siento muy frustrado, enfadado y decepcionado, y me desespero cuando veo lo negativa que eres, que siempre te fijas en todo para criticar al mundo, a mí, a la vida y al gobierno. Me enfurece que hayas creado esta imagen de que el mundo es un lugar horrible y que nos la hayas vendido a mis hermanas y a mí.

MARSHALL COMO MADRE: Veamos si he entendido bien. He escuchado dos mensajes importantes que no quiero malinterpretar. En primer lugar, si he escuchado bien, quieres que entienda lo doloroso que es para ti estar conmigo cuando yo estoy sufriendo, y que eso hace que sientas constantemente presión, porque crees que has de hacer algo para mitigar mi sufrimiento.

PARTICIPANTE S: Sí.

MARSHALL COMO MADRE: Y lo segundo que he escuchado es que te gustaría que entendiera cuánto dolor acarreas por haber estado expuesto a esto tanto tiempo, que querrías no sufrir tanto por tu forma de ver las cosas.

PARTICIPANTE S: Eso es correcto, en parte. Estoy furioso porque siento como si tuviera que luchar en mi interior para proteger mi derecho a decidir, a percibir las cosas a mi manera.

MARSHALL COMO MADRE: Qué maravilloso sería que no tuvieras que esforzarte tanto para vivir en un mundo que, para ti, es bastante distinto al que yo te he mostrado.

PARTICIPANTE S: Sí.

MARSHALL COMO MADRE: Sí, ¡cuánto te gustaría vivir en ese otro mundo y qué triste es para ti ver toda la energía que inviertes en el que yo te he ayudado a crear!

PARTICIPANTE S: Sí, sé que parece que te esté culpando —y así es—, pero este es el punto en el que me encuentro ahora.

MARSHALL COMO MADRE: No puedo oír la culpa, hijo. Llevo puestas mis orejas de la CNV. Solo escucho belleza.

PARTICIPANTE S: Me enoja que sufras tanto, que eso sea lo único que seas capaz de mostrar y que nunca hayas dicho: «Estoy sufriendo mucho, pero tú no tienes por qué». Me exacerba que nunca me animaras a elegir otra forma de contemplar el mundo, que cuando te planteo una nueva visión te sientas amenazada y trates de restarle valor a mi nueva percepción y ridiculizarla.

MARSHALL COMO MADRE: Creo que si, en su día, cuando yo estaba sufriendo, te hubiera dicho: «Oye, esto es solo como yo lo veo, y no te estoy animando a que lo veas del mismo modo», habría sido más llevadero para ti. Sin embargo, te lo presenté como si el mundo realmente fuera así y tú, como eras niño, lo aceptaste como verdadero. Y ahora, esta creencia hace que para ti sea muy difícil vivir en el mundo que has elegido, en lugar del mundo que yo te presenté.

PARTICIPANTE S: Sí, y vuelvo a ese punto de mi infancia muchas veces, cuando estoy contigo. Siento que no tengo la objetividad que necesito para poder decir: «Ah, esto es cosa de mi madre». Sigo sintiendo que oír tus sentimientos hacer peligrar mi autonomía.

MARSHALL COMO MADRE: Sí, escuchas esos sentimientos, te desconectas del mundo en el que quieres vivir y te adentras en el mío.

PARTICIPANTE S: Sí. Y estoy preocupado porque voy a ir a verte en Acción de Gracias, y sé que muchas de las estrategias que he usado en el pasado siguen vivas en mí, como asentir con la cabeza, fingir que escucho cuando, en realidad, mi mente está en otra parte. Tengo demasiado miedo para expresar mis verdaderos sentimientos y me asusta volver a hacerlo. Además, temo que si intento ser sincero contigo, me vas a criticar por tener esos sentimientos.

MARSHALL COMO MADRE: Odias estar en esta situación, donde solo tienes las dos opciones de imaginarte que te escondes de ti mismo o que intentas ser sincero y empeoras las cosas. Realmente, preferirías que existiera algún otro vínculo entre nosotros que no fuera este.

PARTICIPANTE S: Sí. Y me preocupa esa parte de mí que está tan herida que quiere culpabilizarte y hacer que sientas que no tienes razón.

MARSHALL COMO MADRE: Tu sufrimiento es tan fuerte que necesitas inminentemente que comprenda el alto precio que has pagado por esto.

PARTICIPANTE S: Sí. Sí. No obstante, ser auténtico y montar el lío no es lo que más me asusta, porque tengo práctica en arreglar lo que estropeo. Lo que detesto de mí mismo es mi capacidad para congelarme y desaparecer del lugar. Pasar de mí mismo y no decir lo que pienso. Me preocupa esta tendencia.

MARSHALL COMO MADRE: Por incómodo que te resulte imaginar que dices lo que piensas en voz alta y luego tener que afrontar las consecuencias, es menos tóxico para ti que seguir ocultándote y no expresarlo, por mucho miedo que te dé hacerlo.

PARTICIPANTE S: Siento mucho dolor cuando tengo que asimilar las etiquetas de «demasiado sensible» e «hipersensible», que usas para expresar que estás abrumada cuando escuchas mis sentimientos.

MARSHALL COMO MADRE: Sí, sí, sí, sí. Desearías ser capaz de trascender mis palabras y sentir mi dolor sin oír críticas, pero para ti es muy difícil conseguirlo.

PARTICIPANTE S: Sí.

MARSHALL COMO MADRE: ¿Hay más cosas que te gustaría oír antes de que te responda?

PARTICIPANTE S: Estoy muy preocupado por el sufrimiento que todavía llevo dentro y por la forma en que se manifiesta en mi deseo de echarte la culpa, de querer avergonzarte y castigarte por lo que percibo que me hiciste.

MARSHALL COMO MADRE: Sí, tienes un dolor muy intenso y necesitas sacarlo. Pero tienes miedo de que la única forma en que yo lo voy a interpretar nos alejará aún más el uno del otro. Y eso no es lo que tú quieres. Pero está claro que deseas ser capaz de sacar ese dolor y gestionarlo.

PARTICIPANTE S: Sí, me preocupa razonarlo demasiado. Ojalá tuviera el permiso, el permiso psíquico, para gritar y patalear, sin decir nada. Me gustaría que se oyera esto, porque siempre estamos en la mente, y lo odio.

MARSHALL COMO MADRE: Sí. De modo que quieres asegurarte de que utilizamos palabras que realmente nos conecten con la vida, en vez de alejarnos de ella. En ese momento, cuesta imaginar alguna palabra que cumpla esa función. Parece que para sacar todo ese dolor solo te sirve gritar, patalear o algo por el estilo.

PARTICIPANTE S: Y yo también estoy conectado con una parte de mí que solo quiere llegar a casa y recibir las atenciones que no recibió de pequeña por parte de su familia, y me preocupa que no sea una necesidad muy realista para conseguir satisfacerla en esta familia.

MARSHALL COMO MADRE: Así que hay más que simplemente resolver todo este sufrimiento. Sueñas con tener una relación que sume, en la que te sientas valorado, en la que disfrutes cuando estamos juntos. Pero esto te parece muy lejano, dado todo el dolor que llevas dentro, hasta te cuesta imaginar que podríamos llegar a ese estado en que realmente nos aportáramos cosas mutuamente.

PARTICIPANTE S: Oh-oh. Sinceramente, cuesta imaginar que alguna vez puedas dar algo, porque estás muy atrapada en tu propio sufrimiento.

MARSHALL COMO MADRE: Sí. Cuesta imaginarlo. ¿Hay algo más que quieras que oiga antes de que responda?

PARTICIPANTE S: Mira, si me vas a hablar de cuánto odias al presidente, aunque esté de acuerdo contigo, no quiero oírlo y hasta es probable que te dé un puñetazo.

MARSHALL COMO MADRE: Así que hable de lo que hable, tanto si es del presidente como de cualquier otra cosa, si percibes que estoy sufriendo, sufres tanto que ya no te apetece estar conmigo.

PARTICIPANTE S: Racionalmente, no tengo ni idea de por qué, pero oírte emitir tus juicios de valor sobre otras personas me exaspera. No quiero ser la caja de resonancia de tu relato. Si viera que sacas ese sufrimiento y recibes empatía por él, sería distinto, pero...

MARSHALL COMO MADRE: Estás harto de tu sentimiento de que de alguna manera eres tú quien ha de ayudarme a sanar ese sufrimiento, pero no sabes cómo hacerlo y te deprimes. Quieres recibir algo más de cualquier relación, además de ejercer ese papel. Estás harto de tener que escucharme y tener que hacer algo para que me sienta un poco mejor.

PARTICIPANTE S: Ajá. Me gustaría encontrar la forma de disfrutar con ello. ¿Sabes? Me gustaría poder escuchar tus opiniones como escucho las de un amigo. Pero tú y yo, a veces, parece que juguemos a ver quién hace más daño a quién. Entonces me evado, porque mi voz crítica interior me dice que es mi responsabilidad.

MARSHALL COMO MADRE: Eres consciente de que parte del problema es que te dices a ti mismo que has de ayudarme a solucionar mi problema, a mí, tu madre. Pero también quieres que me dé cuenta de que digo y hago cosas que provocan esa actitud en ti.

PARTICIPANTE S: Sí, me sentiría muy bien si me dijeras: «Estoy sufriendo y necesito desahogarme. ¿Puedes escucharme?». Que me pidieras permiso. Entonces, podría satisfacer mis necesidades de sentirme respetado.

MARSHALL COMO MADRE: Sí. Me gustaría responder ahora. ¿Puedes escucharme o quieres decirme algo más?

PARTICIPANTE S: Podría decir mucho más, pero está bien escucharte ahora.

MARSHALL COMO MADRE: Bueno, estoy muy contenta de que no hayas decidido romper nuestra relación, de que todavía estés intentando encontrar la fórmula para que sea más llevadera y, sobre todo, más fructífera. Estoy segura de que debes de haber estado a punto de tirar la toalla. No sé cómo decirte el regalo inmenso que supone para mí que, a pesar de tu dolor, todavía tengas esperanza, algún atisbo de fe de que podemos aprender a aportarnos algo el uno al otro.

PARTICIPANTE S: No sé si tengo esa esperanza, pero sé que si trabajo en esto un poco más, mejorarán mis relaciones con las mujeres.

MARSHALL COMO MADRE: Aunque no seas capaz de imaginar que yo pueda aportarte algo, tienes la esperanza de que al menos podrás conseguirlo con otras mujeres.

Hay muchas cosas que quisiera decirte, a raíz de lo que me has dicho, pero, de momento, solo siento una tremenda tristeza al ver que he gestionado mi sufrimiento de una forma que no ha cubierto ni una sola de mis necesidades en la vida, ni siquiera la más importante de todas ellas: aportarte a ti. Y es duro darse cuenta de que en vez de aportarte como me hubiera gustado, solo he contribuido a aumentar tu sufrimiento. Me da un miedo terrible ahondar en mi tristeza. Y me gustaría saber cómo te sientes al oírme decir esto.

PARTICIPANTE S: Me siento como paralizado. Creo que me estoy autoprotegiendo.

MARSHALL COMO MADRE: Eso es lo que me temía, que incluso ahora sigues sintiendo que has de hacer algo al respecto. Quiero que sepas, con las orejas que llevas puestas, que lo único que necesito es empatía. Nada más. Y si no me la puedes dar, no lo interpretaré como un rechazo o como que pretendes hacerme sufrir más. Según he entendido, estás como paralizado y una parte de ti quiere expresarlo, pero la otra tiene miedo de caer en el viejo patrón de ahora-has-de-hacer-algo.

Pues bien, me gustaría decirte qué es lo que me pasaba cuando actuaba como lo he hecho todos estos años. Cuando te he escuchado decir que te habría gustado que te lo hubiera dicho, me entran ganas de llorar, porque me doy cuenta de que me habría gustado habértelo dicho de esa manera. Me pregunto qué era lo que me impedía hacerlo, y entonces es cuando me entran ganas de llorar. No me podía llegar a imaginar que a alguien le importara realmente lo que me pasaba interiormente. Y lo que me has dicho me ha servido para reconocer que lo estaba pidiendo de una manera que conducía a que se cumplieran mis peores pronósticos. De la forma que lo he estado pidiendo, ¿cómo iba alguien a disfrutar dándomelo? Sentía una tristeza tan profunda que no sabía decir de otro modo: «Eh, que estoy sufriendo y necesito atención».

No quiero que te responsabilices de mi sufrimiento. Solo necesito sentir que alguien se preocupa por lo que me está pasando. La única forma que conocía de pedir esa atención provocó el efecto contrario en casi todas las personas, remontándome hasta mi infancia. Jamás sentí que mis necesidades le importaran a alguien. Por lo tanto, pedir atención de un modo que la otra persona disfrutara escuchándolas no era una opción. Me desesperaba y lo expresaba de la única manera que sabía: con desesperación. Y luego, he visto cómo ha afectado a las otras personas y todavía me he desesperado más.

Me gustaría saber cómo te sientes al explicarte esto.

PARTICIPANTE S: Triste, pero algo aliviado al poder entender parte de lo que se ocultaba detrás de la urgencia de lo que expresabas. Me siento más aliviado al conectar con ello.

MARSHALL COMO MADRE: Me siento muy vulnerable respecto a la forma en que nos hemos abierto. ¿Cómo te sentirías si le pidiera al grupo que compartiera cómo se ha sentido con lo que hemos dicho?

PARTICIPANTE S: Probablemente me gustaría.

MARSHALL COMO SÍ MISMO: Bien, ¿alguien quiere decir algo sobre nuestro diálogo?

Reacciones al juego de rol

PARTICIPANTE R: Me alegra de corazón ver que las personas responden con tanta compasión. Es una experiencia nueva para mí.

MARSHALL: [Bromeando]. No somos personas *reales*.

PARTICIPANTE R: Vuestro ejemplo me abre a la posibilidad de que la gente pueda actuar de este modo. Os doy las gracias por ello.

PARTICIPANTE T: Yo también. Realmente, me ha llegado al corazón, porque mi madre y yo tenemos una dinámica parecida, aunque todavía no he aprendido a gestionarla con eficacia. Creo que he adoptado una actitud de desesperanza al respecto. Mientras escuchaba a Marshall lamentarse con tristeza, en el papel de la madre, sobre su intención, que no era otra que la felicidad de su hijo y lo importante que era eso para ella, he sentido que algo se estaba sanando en mí, al caer en la cuenta de que eso era importante para mi madre, que nunca fue su intención hacer que mi vida fuera más difícil. Me ha costado mucho oír, a través de vuestro diálogo, lo que puede que ella también haya pasado. Aprecio mucho lo que habéis hecho.

PARTICIPANTE U: Os agradezco mucho esta experiencia, porque realmente he podido sentir la humanidad que encerraban vuestras palabras.

No sé si alguien ha oído hablar de las «vibraciones», pero ha habido un momento en que he sentido que desaparecía la separación entre yo y el resto de las personas que estamos aquí. Me he sentido muy conectado. Y por otra parte, estoy un poco triste, porque desearía sinceramente ver a la gente feliz, incluido yo. Y me estoy dando cuenta de lo que has dicho cuando hacías de madre: que hay algo que bloquea nuestra humanidad y que es increíble lo rápido que puede surgir una solución, cuando una o quizás ambas personas son capaces de abrirse. Creo que la técnica ayuda mucho, pero también depende de nuestra capacidad para conectar con el corazón, de poder sentir la presencia que yo he sentido. Como creer en

Dios. Creo que es una buena descripción de lo que he sentido. Muchas gracias.

PARTICIPANTE S: Lo que está vivo en mí en estos momentos es mi tristeza, me identifico contigo, reconozco que he tirado la toalla en lo que respecta a sanar mi relación con mi madre... Cómo voy a sanar mi relación con las mujeres, sin antes haber sanado mi relación con mi madre. Y no sé cómo acercarme a ella, o incluso si puedo o debería hacerlo, porque no creo que ella pueda responderme de este modo.

MARSHALL: ¿Cómo crees que respondería al escuchar esta grabación?

PARTICIPANTE S: No lo sé. Para mí ha sido terapéutico, tal vez también lo sea para ella.

MARSHALL: Me gustaría que lo probaras, y si funciona bien, me gustaría que me llamaras y me lo dijeras. Y si empeora las cosas, llama a mi equipo.

PARTICIPANTE R: También siento algo de esperanza al oír esto. No me refiero a que sea capaz de estar solo con los sentimientos y las necesidades todo el tiempo, pero tengo algo de esperanza. Incluso aunque meta la pata, tengo algo de esperanza y energía para probarlo con mi hermano. Gracias.

EL REGALO QUE LE HIZO A MARSHALL SU PROPIA MADRE

MARSHALL: Me gustaría compartir un regalo que recibí. Yo sentía un dolor muy parecido en mi relación con mi madre, y habéis estado hablando como lo hacía yo. Mi madre asistió a uno de mis talleres y voy a contaros cómo una intervención quirúrgica mayor fue lo que me ayudó a superarlo. No fui yo el que se sometió a ella, sino mi madre.

Las mujeres que asistían al taller hablaban del miedo que les daba expresar sus necesidades directamente y de hasta qué extremo les afectaba en sus relaciones personales con los hombres. La única forma en que sabían expresar sus necesidades conseguía el efecto contrario a lo que querían. Entonces se amargaban todavía más y las cosas empeoraban.

Una mujer tras otra hablaba de lo duro que era para ella expresar sus necesidades. Mi madre se levantó y se fue al baño. Al cabo de un rato, empecé a preocuparme porque tardaba mucho. Cuando volvió a la sala, me fijé en que estaba muy pálida, y le pregunté:

—Madre, ¿estás bien?

—Ahora sí. Me ha removido mucho el tema del que estamos hablando, porque cuando he oído a otras mujeres contar lo difícil que es para ellas expresar sus necesidades, me ha recordado algo.

—¿Podrías contármelo?

—Cuando tenía catorce años, a mi hermana, tu tía Minnie, tuvieron que extirparle el apéndice. Tu tía Alice le llevó un bolso pequeño. ¡Cuánto me gustaba ese bolso, qué no habría dado yo por tenerlo!, pero en nuestra familia nunca pedías lo que necesitabas o deseabas. Si lo hacías, alguno de los hermanos mayores replicaba: «Ya sabes lo pobres que somos. ¿Por qué pides?». Pero lo deseaba tanto que empecé a fingir que tenía dolor en el costado. Me llevaron a dos médicos, que no me encontraron nada, pero el tercero dijo que había que hacer una exploración quirúrgica.

Al final, también le extirparon el apéndice a mi madre. Y funcionó: mi tía Alice le compró un bolso como el que mi madre quería, pero no se atrevía a pedir. Sin embargo, eso no fue el final de la historia.

—Estuve ingresada en el hospital con mucho dolor, pero era feliz. Un día, durante mi estancia hospitalaria, entró la enfermera, me puso el termómetro en la boca y se marchó. Luego, entró otra enfermera. Yo solo quería enseñarle el bolso, pero solo podía decirle: «Mmmm, mmmm», porque llevaba el termómetro. La enfermera me preguntó: «¿Para mí? Gracias», tomó el bolso y fui incapaz de pedirle que me lo devolviera. Ese fue un grandísimo regalo que me hizo mi madre, porque al ver hasta qué extremo podía llegar para no expresar sus necesidades, lo que era capaz de aguantar, me ayudó a comprender todo aquello por lo que la odiaba. Entendí que cuando pedía las cosas que me sacaban de quicio, detrás de ello había desesperación. Me di cuenta de por qué no podía ser clara y decir las cosas. Así que el relato de esa operación me ayudó a superar esa actitud. Fue una gran ayuda.

PARTICIPANTE T: Participante S, valoro mucho tu disposición a ser vulnerable y a expresar tu ira y tu dolor. Tal vez tu madre te dé una sorpresa y esté dispuesta y deseosa de escuchar la grabación. Yo voy a comprarla para mi hijo.

PARTICIPANTE S A MARSHALL: ¿Podrías decir algo para resumir mi diálogo contigo? Estoy pensando en comprar la grabación y ponérsela a mi madre cuando vaya a verla, pero la idea me da mucho miedo. Lo que me estoy diciendo a mí mismo es que hemos dicho algunas cosas bastante fuertes en la simulación, y aunque no tengo ninguna esperanza de que vaya a mejorar la relación con mi madre, me preocupa que ella no pueda entenderlo como una forma de desahogarme en este momento.

MARSHALL: Es un riesgo. Pero si consigue escucharlo durante el tiempo suficiente y se da cuenta de que yo he reconocido la belleza que hay detrás, ella también aprenderá la CNV.

PARTICIPANTE S: He pensado que antes de ponerle la grabación, puedo explicarle que algunas de las cosas que se han dicho han sido con el fin de expresar la emoción realmente fuerte del momento. Ella lo entenderá muy bien. Ha sido mi maestra.

MARSHALL: Entonces, puedes decirle: «Y mamá, quiero que veas cómo ha interpretado Marshall tu papel. Y que luego me digas cómo te has sentido escuchándolo hablar en tu nombre. Cómo ha gestionado él mis insultos».

PARTICIPANTE S: Tengo miedo de que te prefiera a ti como hijo.

PARTICIPANTE R: Yo quiero a Marshall como madre.

RESUMEN

Hay *cuatro etapas primarias* para crear un puente de empatía entre quienes buscan sanación o reconciliación en una relación importante.

Etapa uno: conexión empática

1. **Estar presente**: amplío mi empatía a una persona que sufre, que está enfadada o atemorizada; lo hago permaneciendo totalmente presente ante lo que está vivo en esos momentos en la otra

persona, sin emitir juicio de valor, diagnóstico o consejo alguno.

2. **Conectar con nuestros sentimientos y necesidades actuales y verificarlos:** lo hago en voz alta *solo si*:

- Tengo intención de verificar que he entendido correctamente y si he conectado con esa persona.
- Siento que la persona ha compartido su vulnerabilidad y tal vez verbalice mi empatía hacia ella. Me centro en lo que está vivo en la persona en ese momento (a raíz de lo que sucedió en el pasado), en lugar de hacerlo en su historia o en hechos del pasado.

3. **Seguir empatizando:** me quedo con la persona hasta tener señales visibles de que ha terminado (por ejemplo, sensación de alivio o silencio).
4. **Comprobar:** le pregunto: «¿Quieres decir algo más?».
5. **Recibir petición después de la empatía:** ¿qué es lo que la otra persona quiere de mí en este momento? (¿Información? ¿Consejo? ¿Saber cómo me siento después de haberla escuchado?).

Recuerda distinguir entre empatía y lástima. Con la empatía estás totalmente presente con los demás, mientras *sienten* sus sentimientos. Con la lástima, me centro en mis propios sentimientos.

Etapa dos: duelo

El duelo en la CNV requiere que seamos conscientes de nuestras necesidades actuales no cubiertas, debido a decisiones que tomamos en el pasado. Por ejemplo, en el juego de roles entre el hermano y la hermana, él dice: «Hermana, ahora que me doy cuenta de cómo mis acciones han contribuido a tu sufrimiento, me siento muy triste. Estas acciones no contribuyeron a mi necesidad de cuidarte y apoyarte como me hubiera gustado». Mientras está sintiendo su propio duelo, el hermano también conecta con el sentimiento que le está surgiendo (tristeza) a raíz de las necesidades no cubiertas (cuidar y apoyar a la hermana).

El duelo en la CNV no es disculparse. Las disculpas se basan en juicios moralistas que implican admitir que has hecho algo mal y que eso conlleva algún tipo de sufrimiento compensatorio para «corregirlo». En la CNV, me pregunto si mi acción satisfizo mis necesidades. Si no fue así, me pregunto qué necesidades no quedaron cubiertas y cómo me siento al respecto.

Etapa tres: reconocer las necesidades del pasado («Eso fue lo que me llevó a actuar de aquel modo»)

Si seguimos las etapas de la conexión empática y el duelo, la pregunta más seria que puede que me hagan es: «Pero ¿por qué lo hiciste?». Me aseguro de que la persona ha recibido toda la empatía necesaria antes de pasar a la siguiente etapa, donde hago la pregunta conectando con las necesidades que estaba intentando satisfacer cuando me comporté de ese modo.

Por ejemplo, en el juego de roles entre madre e hijo, cuando la madre hubo empatizado con el hijo y después de haber pasado el duelo en su presencia, reconoció lo que la había llevado a comportarse de aquel modo con su familia: «Nunca sentí que a nadie le importaran mis necesidades. Sencillamente, me desesperaba y las expresaba de la única forma que sabía: con desesperación. Y ahora, que me he dado cuenta de cómo ha afectado eso a otras personas, todavía me he desesperado más. Siento una tristeza muy profunda por no haber sabido decir de otro modo "Eh, que estoy sufriendo, necesito atención"».

Del mismo modo que el duelo no es lo mismo que disculparse, el autoperdón compasivo de la madre, después de haber conectado con sus sentimientos del pasado (desesperación, sufrimiento) y sus necesidades (de atención e «importar» a alguien) no es lo mismo que racionalizar o negar la responsabilidad.

Etapa cuatro: empatía inversa

Una vez que la persona que está sufriendo ha recibido toda la empatía, ha escuchado mi duelo y entendido las necesidades que intentaba satisfacer a través de mi conducta, sentirá un deseo natural de corresponderme y devolverme la empatía. Cuando sucede eso, ambos habremos completado la etapa final de la sanación. Sin embargo, es imprescindible que esto solo ocurra cuando existe un deseo genuino por parte del otro de empatizar conmigo. La menor presión o invitación prematura no haría más que contribuir a aumentar su dolor.

Nota del editor: En la transcripción del taller que se ha utilizado en este capítulo, Marshall hace referencia a esta etapa final de la sanación, pero no la interpreta en juego de roles.

4

EL SORPRENDENTE PROPÓSITO DE LA IRA

Más allá de la gestión de la ira: descubrir el don

En este capítulo me gustaría compartir mi perspectiva sobre el papel de la ira en nuestras vidas. Espero conseguir que cambies tu idea de la ira como una emoción que se ha de reprimir. La ira es un don, nos reta a conectar con nuestras necesidades no cubiertas que han provocado esta reacción. Revelaré conceptos erróneos habituales sobre ella y veremos que es un producto de nuestro pensamiento. Hablar sobre la ira suele ayudarnos a entender mejor la CNV, porque incluye muchos de sus puntos clave. Vivir desde el corazón, hacer observaciones sin juzgar, aclarar tus sentimientos y necesidades, hacer peticiones claras y favorecer las conexiones enriquecedoras, todo ello tiene relación con nuestra forma de responder a la ira.

LA IRA Y LA CNV

En lo que respecta a gestionar la ira, la CNV nos enseña a usarla como alarma, para que nos indique que estamos pensando de formas que, probablemente, no satisfarán nuestras necesidades y que nos implicarán en interacciones que no serán muy constructivas para nadie. La formación en CNV hace hincapié en que *es peligroso considerar la ira como algo que hemos de reprimir o algo negativo*. Cuando identificamos la ira como resultado de algo que hemos hecho mal, nuestra tendencia es querer reprimirla, en vez de gestionarla. Esa forma de usar la ira, para reprimirla y negarla, con frecuencia nos conduce a expresarla de formas que pueden ser muy peligrosas para nosotros mismos y para los demás.

Recuerda cuántas veces has leído en la prensa sobre asesinos en serie y cómo los describieron aquellos que los conocieron. Una de las descripciones típicas es: «Era una persona muy amable. Nunca lo oí levantar la voz. No parecía que estuviera enfadado con nadie». En la CNV, nos interesa utilizar la ira para que nos ayude a descubrir las necesidades que no hemos cubierto y que son la causa de esa ira.

Muchos grupos con los que trabajo por todo el mundo han sido testigos de las consecuencias de enseñar que la ira se ha de reprimir. Estas personas han comprobado que cuando la gente ha sido educada en la creencia de que la ira es algo que hay que evitar, esa ira puede ser utilizada por otros en su contra, para oprimirla y hacer que tolere cualquier cosa. No obstante, también albergo mis reservas respecto a los que, bajo este pretexto, han abogado por cultivar su ira o «darle rienda suelta», sin entender sus orígenes ni transformarla. Algunos estudios han indicado que los programas de gestión de la ira que sencillamente animan a sus participantes a desahogarse —por ejemplo, golpeando cojines— lo único que hacen es sacarla algo más a la superficie, pero de hecho, solo consiguen que los participantes sean más susceptibles a expresar su ira de formas peligrosas para ellos mismos y para los demás.

Lo que pretendemos hacer en la CNV para gestionar la ira es profundizar más en ella, descubrir qué está pasando en nuestro interior cuando estamos furiosos, ser capaces de localizar esa necesidad —que es su causa— y luego satisfacerla. Para facilitar la comprensión, a veces, me refiero a la ira como la luz de emergencia del tablero del coche, que nos informa sobre lo que necesita el motor. No te interesa ocultarla, desconectarla o ignorarla. Reducirás la velocidad e intentarás averiguar qué le pasa a tu coche.

Funciona aunque solo lo aplique una persona

Por experiencia propia, he comprobado que si puedo ver mi ira como una señal de advertencia, independientemente de cómo se esté comunicando el otro, ambos permaneceremos conectados. Es decir, la CNV funciona aunque solo la aplique una persona.

No cuesta mucho mantener la atención en esta dirección. Sin embargo, puede que nos dé miedo, porque siempre implica cierta vulnerabilidad por nuestra parte decir claramente cómo nos sentimos y qué nos gustaría. El proceso puede fluir bastante bien cuando ambas partes están entrenadas para ello, pero casi todas las personas con las que trabajo intentan establecer este flujo de comunicación con alguien que no es probable que asista a los talleres de CNV. Así que es muy importante que este proceso funcione con todos, aunque no hayan recibido formación para comunicarse de este modo.

Una de las cosas que recalcamos en los talleres intensivos es aprender a permanecer en el proceso, sin que influya en nosotros la forma en que se comunica la otra persona. En cierto modo, la ira es una manera divertida de profundizar en la CNV, aunque estés empezando. Cuando estás furioso, sacas a relucir muchos aspectos del proceso de la CNV y los pones en el centro de tu atención, lo cual te ayuda a ver la diferencia entre la CNV y otras formas de comunicación.

La CNV gestiona la ira utilizando varios pasos. Revisaré estos pasos utilizando un ejemplo de un joven que estaba en una prisión de Suecia. Trabajé con este hombre en una sesión de entrenamiento para presos, donde mostré a los participantes cómo se puede utilizar la CNV para gestionar la ira.

CUATRO PASOS PARA GESTIONAR LA IRA

El primer paso

El primer paso para gestionar la ira utilizando la CNV es ser consciente de que *el estímulo, el desencadenante de la ira, no es la causa de esa ira*. Es decir, no es simplemente lo que hace una persona lo que nos enfurece, sino algo en nuestro interior que responde a lo que ha hecho, y que es la verdadera causa. En este paso hemos de ser capaces de separar el desencadenante de la causa.

En la situación con el preso, el día en que nos centramos en la ira, él sentía mucha por las autoridades carcelarias. Así que estuvo muy contento de que lo ayudáramos a gestionarla.

Le pregunté qué le habían hecho las autoridades para despertar su ira. «Hace tres semanas, hice una solicitud, y todavía no me han respondido», dijo. Había contestado a la pregunta como yo quería que lo hiciera. Sencillamente, me había dicho lo que *habían hecho*. No había mezclado ninguna opinión, y ese es el primer paso para gestionar la ira de una forma no violenta: ser claro respecto al estímulo, pero sin incluir juicios de valor o evaluaciones. Solo esto ya supone un gran logro. Muchas veces, cuando hago esta pregunta, me responden: «Han sido desconsiderados», que es un juicio moral de cómo «son», pero eso no explica lo que han hecho.

El segundo paso

El segundo paso conlleva ser consciente de que el estímulo nunca es la causa de la ira. Es decir, que no es simplemente lo que hace la gente lo que nos enfurece. *Es nuestra evaluación de lo que se ha hecho lo que desata nuestra ira*. Es un tipo de evaluación en particular. La CNV se basa en la premisa de que la ira es el resultado de evaluar lo que nos está sucediendo desde la alienación de la vida. No lo hacemos estando directamente conectados con nuestras necesidades o con las de quienes nos rodean. Por el contrario, lo hacemos basándonos en formas de pensar que implican equivocación o maldad por parte de otros por lo que han hecho.

Evaluar los detonantes que conducen a la ira

Hay cuatro formas de evaluar los detonantes de la ira que se producen en nuestra vida. En el caso de los funcionarios de prisiones, que no respondieron a la solicitud, el recluso podía haber contemplado la situación como algo personal, como un rechazo. De haberlo hecho, no se hubiera enfadado. Se habría sentido dolido, desanimado, pero no furioso.

Una segunda posibilidad podría haber sido indagar en su interior y descubrir cuáles eran sus necesidades.

Concentrarnos directamente en las necesidades es una forma de pensar que puede ayudarnos a satisfacerlas. Como veremos más adelante, si se hubiera enfocado directamente en sus necesidades, no se habría enfadado. Puede que tuviera miedo, que fue lo que le sucedió en cuanto conectó con ellas.

Una tercera posibilidad hubiera sido ver las cosas teniendo en cuenta las necesidades que había llevado a los funcionarios de prisiones a actuar de ese modo. Este tipo de comprensión de las necesidades de los demás no propicia que nos enfademos. De hecho, cuando estamos directamente conectados con las necesidades de los demás —en el punto en que entendemos sus necesidades— no estamos conectando con ninguno de nuestros sentimientos, porque nuestra atención está en los demás.

La cuarta forma en que podía haber contemplado las cosas —que siempre hallaremos en la base de la ira— es pensar que los funcionarios se han portado mal. En la CNV, siempre que estamos furiosos, nos decimos: «Estoy furioso porque me estoy diciendo a mí mismo _____», y nos ponemos a buscar el tipo de pensamiento alienado de la vida que tenemos en la cabeza y que está provocando nuestra ira.

En el caso del preso, cuando me dijo que estaba furioso y que el detonante había sido la falta de respuesta de los funcionarios en tres semanas, le pedí que observara en su interior y que me dijera cuál era la causa de su ira. Al principio, parecía confundido.

—Acabo de decirte cuál es la causa de mi ira. Hice una solicitud hace tres semanas y los funcionarios de prisiones aún no han respondido.

—Lo que me has dicho ha sido lo que ha desencadenado tu ira. En las sesiones anteriores, he intentado aclararte que nunca es simplemente el detonante lo que causa nuestra ira. Lo que buscamos es la raíz. Me gustaría que me contaras cómo interpretas su conducta —cómo la contemplas— para que te provoque ira.

En ese momento, estaba muy confundido. Al igual que nos ha pasado a muchos, no le habían enseñado a ser consciente de lo que pasaba por su interior cuando estaba enfadado. Tuve que ayudarlo un poco para que supiera a qué me estaba refiriendo con lo de detenerte y escuchar los pensamientos que circulan por tu cabeza, que siempre son la causa de la ira.

Al cabo de unos momentos, me dijo:

—Vale, ya sé a qué te refieres. Estoy furioso porque me digo a mí mismo que no es justo, que no es forma de tratar a los seres humanos. Actúan como si fueran superiores y como si yo no fuera nada.

Tenía algún que otro juicio de valor dando vueltas rápidamente por su cabeza. Observemos que al principio había dicho que simplemente era su conducta lo que lo enfurecía, cuando en realidad eran los pensamientos que tenía en su mente lo que le provocaba su enfado, cualquiera de ellos podía ser la causa. Y tenía preparados toda una serie de juicios de valor como: «No son justos, no me están tratando bien». Todos ellos despiertan la ira.

—Bueno, ¿qué tiene de malo pensar así? —me dijo, una vez que hubo identificado esto.

—No estoy diciendo que sea malo pensar así. Solo me gustaría que fueras consciente de que esa forma de pensar es la causa de tu ira. Y que no mezcles lo que hacen otras personas, el detonante, con la causa de la misma —le respondí.

Detonante frente a causa

Esta idea puede ser muy difícil de poner en práctica: no confundir el detonante o estímulo de la ira con la causa. La razón por la que no es fácil es porque a muchos de nosotros nos han educado para utilizar la culpa como principal fuente de motivación. Si quieres usar la culpa para manipular a la gente, primero tendrás que confundirla diciéndole que el detonante es la causa de su sentimiento. Es decir, si quieres usar la culpa con alguien, tendrás que comunicarte de manera que le indique que tu sufrimiento se debe a sus acciones. Esto implicará que su conducta no solo es el estímulo de tus sentimientos, sino la causa.

Si eres un progenitor de los que inducen a la culpa, tal vez le digas a tu hijo: «Me duele mucho cuando veo que no limpias tu habitación». O si en una relación sentimental, eres una de esas parejas que culpabilizan al otro, tal vez le digas: «Me enfurece que salgas cada noche de la semana». Observemos que en ambos ejemplos, el que habla está insinuando que el estímulo es la causa de los sentimientos: «Me haces sentir», «Esto me hace sentir», «Me siento así _____ porque tú _____».

A fin de gestionar la ira según los principios de la CNV, es importante que seamos conscientes de esta diferencia fundamental: *me siento así* porque *tengo pensamientos sobre la forma de actuar de otras personas que implican que lo que hacen está mal*. Estos pensamientos adoptan la forma de juicios de valor como: «Creo que son egoístas» o «Creo que esta persona es antipática, perezosa o manipuladora y que no debería actuar así». Estos pensamientos adoptan la forma de juicios de valor directos o indirectos sobre otras personas, expresados a través de sentencias como:

«Los juzgo porque se creen que son los únicos que tienen algo que decir».

En estas últimas expresiones, está implícito que pensamos que lo que hace la otra persona no es correcto. Y eso es importante, porque si pienso que es la causante de que me sienta de ese modo, me va a costar mucho no imaginarme que la voy a castigar. La CNV nos enseña que nunca es lo que hace el otro, sino tu visión, cómo lo interpretas. Si las personas me siguieran en mi trabajo, aprenderían mucho en esta área.

Por ejemplo, he trabajado a menudo en Ruanda. Muchas veces he trabajado con personas a las que les habían matado miembros de su familia. Algunas estaban tan resentidas que lo único que esperaban era vengarse. Estaban furiosas. Otras que también se encontraban en la sala habían tenido la misma experiencia –tal vez hasta habían perdido más familiares–, pero no estaban enfadadas. Tenían sentimientos intensos, pero no ira. Tenían sentimientos que les habían llevado a desear evitar que se volviera a repetir lo que les había sucedido a ellas, pero no estaban centradas en castigar a los culpables. En la CNV, queremos que la gente se dé cuenta de que es nuestra forma de contemplar la situación lo que *crea* nuestra ira, no el estímulo.

En mis cursos, procuro que los asistentes se den cuenta de que cuando están furiosos es porque su conciencia está bajo la influencia del tipo de lenguaje que todos hemos aprendido, es decir, que el malo es el otro o que la culpa la tiene el otro. Esta forma de pensar es la causa de la ira. Cuando pasa esto, enseño a las personas a que no intenten sofocarla y negar la ira o negar esta forma de pensar; por el contrario, les enseño a transformarlo en un lenguaje de vida, en un lenguaje que les ayude a crear paz entre ellas y quienquiera que haya actuado de manera que ha despertado su ira.

Para ello, primero hablemos sobre cómo ser conscientes de la forma de pensar que hace que nos enojemos, cómo transformarla en las necesidades que no has podido satisfacer debido a la acción de la otra persona. Veamos ahora cómo proceder desde ese estado de conciencia de querer restaurar la paz entre esa persona y tú.

El primer paso para expresar tu ira —gestionándola al estilo CNV— es identificar el estímulo de tu ira sin confundirlo con tu evaluación. El segundo paso es ser consciente de que es tu evaluación —en forma de juicios de valor que implican que algo está mal— lo que provoca tu ira.

Un ejemplo del estímulo frente a la causa de la ira

Una vez trabajé en un correccional para delincuentes, y allí tuve una experiencia que me ayudó mucho a aprender la lección de que nunca es el estímulo lo que provoca la ira. Entre el detonante y la ira siempre hay un proceso de pensamiento.

En dos días sucesivos, tuve experiencias notablemente similares, pero cada día tuve sentimientos bastante distintos respecto a ellas. En ambas situaciones, la experiencia fue recibir un golpe en la nariz, porque ambos días estuve implicado en acabar con las disputas que enfrentaban a dos pares de internos. Y las dos veces que intenté separarlos, acabé recibiendo un codazo en la nariz.

El primer día, me puse furioso. El segundo día, aunque me dolía más la nariz que el primer día, no me enfadé. Ahora bien, ¿por qué me enfadé el primer día como respuesta al estímulo, pero no al siguiente?

En la primera situación, si me hubieras preguntado justo después del golpe en la nariz por qué estaba furioso, me habría costado encontrar el pensamiento que estaba provocando mi enfado. Probablemente, habría dicho: «Bueno, evidentemente, estoy furioso porque el joven me ha dado en la nariz». Pero esa no fue la causa. Tal como vi la situación más tarde, me di cuenta de que incluso antes del incidente, había tenido pensamientos muy críticos respecto al muchacho que me dio el codazo. Pensaba que era un niño malcriado. En cuanto su codo se encontró con mi nariz, me enfadé, tuve la sensación de que me enfadé en el mismo momento en que me golpeó. Sin embargo, entre el estímulo y la ira, me vino la imagen de mi pensamiento de que era un niño malcriado. Todo sucedió muy deprisa, pero lo que me enfurecía era la imagen de «niño malcriado».

Al segundo día, tenía una imagen muy distinta de él. Lo veía más como una criatura patética que como un mimado, así que cuando me dio en la nariz con el codo, no me enfadé. Sentí dolor físico, por supuesto, pero no me enfadé, porque había proyectado una imagen distinta en mi mente: un muchacho muy necesitado de ayuda, más que la imagen crítica de «niño mimado» que me había provocado la ira.

Estas imágenes se producen muy rápidamente y es fácil que nos induzcan a pensar que el estímulo es la causa de nuestra ira.

El tercer paso

El tercer paso para gestionar la ira con la CNV implica buscar la necesidad que es la causa de nuestra ira. Este paso se basa en el supuesto de que la causa de nuestro enfado es que no satisfacemos nuestras necesidades y el problema es que no estamos conectados con ellas. En lugar de estar directamente conectados con nuestra necesidad, nos centramos en nuestra mente y empezamos a pensar en qué es lo que los demás hacen mal para no satisfacerla. Los juicios de valor que hacemos de otras personas –el origen de nuestra ira– son en realidad *expresiones alienadas de necesidades insatisfechas.*

Juicios de valor

Con los años, me he dado cuenta de que los juicios de valor que hacemos de los demás no solo nos enfurecen, sino que son expresiones alienadas de nuestras necesidades. Hay momentos en los que también me parecen expresiones desafortunadas y suicidas de esas necesidades. En lugar de centrarnos en nuestro corazón para conectar con la necesidad que no satisfacemos, dirigimos nuestra atención a juzgar qué les pasa a las otras personas que no pueden satisfacer nuestras necesidades. Cuando hacemos esto pueden suceder varias cosas.

Por ejemplo, que nuestras necesidades no se cubran, porque cuando juzgamos verbalmente a otros con reproches, estos juicios de valor suelen provocar más actitudes defensivas que aprendizaje o conexión. En el mejor de los casos no generan mucha cooperación. Aunque hagan las cosas que queríamos que hicieran, después de haberlas juzgado como malas, perezosas o irresponsables, las harán con una energía que nos costará cara. Nos costará cara porque cuando nos enfadamos por haber estado juzgando a la gente, y expresamos estas críticas verbalmente o a través de nuestra conducta, lo que interpretará será que creemos que está haciendo algo malo. Incluso cuando haga lo que queríamos, lo más probable es que su motivación sea el miedo al castigo, a ser juzgado por sentimiento de culpa o vergüenza, más que por compasión en lo que respecta a nuestras necesidades.

No obstante, cuando utilizamos la CNV, siempre somos conscientes de que la razón por la que las personas hacen lo que queremos es tan importante como el hecho de que lo hagan. Somos conscientes de que solo queremos que los demás hagan las cosas voluntariamente y no porque van a ser castigados, culpados o avergonzados si no lo hacen.

Desarrollar la cultura de las necesidades

Esta práctica requiere que desarrollemos una cultura y una conciencia de nuestras necesidades. Con un vocabulario más extenso para definirlas, podemos conectar mejor con la necesidad que se oculta tras los juicios de valor que provocan nuestro enfado. Cuando podemos expresar claramente lo que necesitamos, hay muchas más probabilidades de que los demás respondan compasivamente a nuestros deseos.

Volvamos al caso del preso de Suecia. Después de haber identificado los juicios de valor que estaba haciendo y que eran la causa de su ira, le pedí que los analizara y que me dijera qué necesidades no se satisfacían. Esas necesidades insatisfechas se estaban manifestando al juzgar a los funcionarios de prisiones.

No le resultó fácil, porque cuando estamos acostumbrados a pensar que son los demás los que tienen la culpa, es fácil que no seamos capaces de ver nuestras propias necesidades. Este tipo de personas suelen tener muy poco vocabulario para describir sus necesidades. Para ello, han de retirar su atención de juzgar lo de fuera para dirigirla hacia su interior y observar qué les está sucediendo. No obstante, con algo de ayuda, pudo conectar con su necesidad y me dijo:

—Necesito poder cuidar de mí mismo cuando salga de la cárcel, necesito un trabajo. La solicitud que les he hecho a los funcionarios es que necesitaba formación para satisfacer esa necesidad. Si no me formo, no podré mantenerme económicamente cuando salga, y terminaré aquí de nuevo.

Entonces, le pregunté:

—Ahora que has conectado con tu necesidad, ¿cómo te sientes?

—Tengo miedo —respondió.

Cuando estamos conectados directamente con nuestra necesidad, *nunca* estamos furiosos. No hemos reprimido la ira, la hemos transformado en sentimientos que sirven a la necesidad.

La función básica de los sentimientos es servir a nuestras necesidades. La palabra *emoción* básicamente significa 'movernos fuera de', movilizarnos para satisfacer nuestras necesidades. Cuando hemos de comer, tenemos un sentimiento que denominamos hambre, y esa sensación nos estimula a movernos para atender nuestra necesidad de comida. Si nos sintiéramos cómodos cada vez que hemos de alimentarnos, podríamos morirnos de hambre, porque no nos movilizaríamos para satisfacer nuestra necesidad.

La función natural de las emociones es estimularnos para satisfacer nuestras necesidades. Pero la ira es estimulada por una distorsión. Con la ira no conectamos con las necesidades que nos motivarían de forma natural a satisfacerlas. La ira se genera cuando pensamos que los demás están haciendo algo malo, lo cual aleja esta energía de la búsqueda para satisfacer la necesidad y la transforma en una energía culpabilizadora y punitiva hacia los demás.

Después de haberle enseñado al preso la diferencia entre conectar con sus propias necesidades y sus sentimientos, fue consciente de su miedo. Se dio cuenta de que la ira se debía a que pensaba que eran los otros los que lo estaban haciendo mal. «¿Crees que es más probable que puedas satisfacer tus necesidades si, cuando vayas a hablar con los funcionarios, estás conectado con ellas y con tu miedo, o si estás en tu mente juzgándolos y enfadado?».

Vio muy claramente que era mucho más probable satisfacer sus necesidades si se comunicaba con una actitud de estar conectado con ellas, en lugar de estar desconectado y pensar que los demás estaban haciendo algo malo. En el momento en que tuvo el *flash* de lo diferente que sería su mundo si viviera conectado con sus necesidades en vez de juzgar a otros, se quedó mirando al suelo con una tristeza como no había visto jamás.

—¿Qué te pasa? —le pregunté.

—Ahora no puedo hablar.

Más tarde, ese mismo día, me ayudó a entenderlo, cuando vino a verme.

—Marshall, ojalá me hubieras enseñado hace dos años lo que me has enseñado esta mañana sobre la ira. No hubiera matado a mi mejor amigo.

Desafortunadamente, dos años antes, su mejor amigo hizo algunas cosas, y él se enfureció respondiendo a los juicios de valor que había hecho respecto a las acciones de su amigo. Pero en vez de ser consciente de sus propias necesidades, pensó que la culpa la tenía su amigo, y en una trágica interacción, terminó asesinándolo.

No quiero decir que cada vez que nos enfademos, hiramos o matemos a alguien. Pero sí estoy sugiriendo que cada vez que nos enfadamos, nos desconectamos de nuestras necesidades. Nos quedamos en nuestra mente, pensando en la situación de una forma que va a costarnos mucho satisfacerlas.

El paso que acabo de subrayar es muy importante: hemos de ser conscientes del pensamiento que está fomentando nuestra ira. Como he dicho, el recluso, al principio, era totalmente inconsciente de los pensamientos que le provocaban su ira. La razón es que esos pensamientos se suceden con mucha rapidez. Muchos de ellos se producían con tal rapidez en su cabeza que ni siquiera era consciente de su existencia. Por el contrario, parecía que era el estímulo lo que le había provocado la ira.

He descrito tres pasos para gestionar la ira en la CNV:

1. Identificar el estímulo de la ira, sin confundirlo con la evaluación.
2. Identificar la imagen o juicio de valor internos que provocan la ira.
3. Transformar esta imagen crítica en la necesidad que está expresando, es decir, trasladar toda la atención a la necesidad que hay detrás de esa imagen.

Estos tres pasos se hacen internamente, no se dice nada en voz alta. Por el contrario, sencillamente, eres consciente de que la causa de tu ira no es lo que ha hecho la otra persona, sino tu juicio de valor. Entonces, es el momento de buscar la necesidad que oculta este.

El cuarto paso

El cuarto paso para gestionar la ira es lo que le dices en voz alta a la otra persona después de haber transformado la ira en otros sentimientos, cuando has podido conectar con la necesidad que ocultaba tu juicio de valor.

El cuarto paso incluye ofrecerle a la otra persona cuatro datos concretos. Primero, revelar el estímulo: lo que ha hecho que ha entrado en conflicto con tus necesidades. Segundo, expresar cómo te sientes. Observa que no estás reprimiendo la ira, sino que esta se ha transformado en sentimiento, como tristeza, dolor, miedo, frustración u otros.

Por último, añadiremos a estos tres datos *una clara petición en el presente de lo que quieres que haga la otra persona*, respecto a tus sentimientos y necesidades no satisfechas.

En la situación del presidiario, este cuarto paso sería dirigirse a los funcionarios y decir algo así: «Hace tres semanas hice una solicitud. Todavía no he recibido respuesta. Tengo miedo porque necesito poder ganarme la vida cuando salga de prisión, y me temo que sin la debida formación que estoy solicitando me va a costar mucho hacerlo. Me gustaría que me dijeran qué es lo que les impide responder a mi solicitud».

Hemos de tener en cuenta que para que el recluso se comunique de este modo tiene que haber trabajado bastante. Tiene que ser consciente de lo que le está sucediendo. Puede que necesite ayuda para conectar con sus necesidades. En esta situación, yo estaba allí para ayudarlo. Pero en la formación en CNV, enseñamos a las personas a hacer todo esto por ellas mismas.

Cuando recibes el estímulo de otro y te das cuenta de que estás empezando a enfadarte, es importante que gestiones esa ira. Si estás lo bastante entrenado para conectar con la necesidad que esconde cada juicio de valor, puedes respirar profundo e ir rápidamente por todo el proceso en el que guie al preso. De modo que, en cuanto te des cuenta de que te estás enfadando, respira profundo, detente, interiorízate y pregúntate: «¿Qué es lo que me estaba diciendo a mí mismo que me estaba enfadando tanto?». Con esta pregunta, puedes conectar rápidamente con la necesidad que esconde el juicio de valor. Cuando conectes con tu necesidad, sentirás físicamente que te alejas de la ira y que surgen otro tipo de sentimientos. En ese momento, ya te encuentras en un punto en que puedes decirle en voz alta a la otra persona lo que estás observando, sintiendo y necesitando, y hacer tu petición.

Es un proceso que exige práctica, pero cuando tienes la suficiente, puedes hacerlo en cuestión de segundos. Tal vez seas lo bastante afortunado como para tener amigos que puedan ayudarte a ser consciente de lo que está pasando en tu interior. Si no es así, o hasta que adquieras la práctica suficiente, siempre puedes hacer una pausa. Basta con que le digas a la otra persona: «Necesito una pausa. He de hacer algo de trabajo interior, porque me temo que todo lo que diga va a impedir que los dos satisfagamos nuestras necesidades». Llegado ese punto, puedes aislarte un poco para conectar con las necesidades que provocan tu ira. Al rato, puedes volver a la situación.

Una vez que puedas gestionar tu ira, suele ser muy ventajoso mostrar algo de comprensión empática respecto a lo que le está pasando a la otra persona, que la ha llevado a actuar de ese modo. Si conectas con esto *antes* de expresarte, la ventaja puede ser aún mayor.

Cuando la ira surge de esta manera, un componente clave en la forma de gestionarla es la habilidad de identificar el juicio de valor que te ha hecho enfadar y transformarlo rápidamente en la necesidad que está detrás de ese juicio.

La práctica de identificar juicios de valor y traducirlos en necesidades puede ayudarte a desarrollar tu habilidad de hacer esto mismo en situaciones reales. Un ejercicio que recomiendo en esta práctica es hacer una lista del tipo de juicios de valor que es probable que albergues en tu interior cuando te enfadas. Tal vez puedes pensar en las últimas veces que has estado enfadado y escribir lo que te decías a ti mismo que despertaba tu ira.

Una vez hecho el inventario del tipo de cosas que te dices en las distintas situaciones que te enojan, vuelve a la lista y pregúntate: «¿Qué era lo que necesitaba y se expresaba a través de ese juicio de valor?». Cuanto más tiempo dediques a hacer estas traducciones de juicios de valor a necesidades, más fácil te resultará seguir rápidamente estos procedimientos para expresar la ira en situaciones reales.

CASTIGO E IRA

Me gustaría incluir el concepto del castigo en esta discusión sobre la ira. El tipo de pensamiento que nos provoca la ira es el que da por hecho que las personas merecen sufrir a consecuencia de sus actos. Es decir, me estoy refiriendo a los juicios moralistas que hacemos sobre los demás que implican mala conducta, irresponsabilidad o ineptitud. En esencia, todos estos juicios de valor implican que los demás no deberían haber hecho lo que hicieron y que por ello se merecen algún tipo de condena o castigo.

Estoy convencido de que veréis que el castigo nunca puede satisfacer realmente las necesidades de una manera constructiva si haces dos preguntas. La primera es *¿qué actos queremos que los demás rectifiquen respecto a lo que están haciendo ahora?* Si solo hacemos esta pregunta, puede parecer que el castigo funcionaría, porque tal vez podremos impedir que un niño le pegue a su hermana si lo castigamos por hacerlo. Observa que he dicho *puede parecer* que funcionaría, porque, con frecuencia, el propio acto de castigar a alguien por lo que ha hecho, en realidad, estimula semejante antagonismo que continúa haciéndolo por resentimiento o ira. Incluso puede que lo haga durante más tiempo del que lo hubiera hecho de no haber sido castigado. Pero si añado una segunda pregunta, estoy seguro de que te darás cuenta de que el castigo no funciona nunca, en lo que a satisfacer las necesidades respecta, al menos no por razones que más tarde hayamos de lamentar. La segunda pregunta es *¿cuáles queremos que sean las razones de la otra persona para hacer lo que nosotros deseamos?*

Creo que todos estaremos de acuerdo en que no queremos que los demás hagan algo solo por miedo al castigo. No queremos que hagan algo por obligación o deber, por culpa o por vergüenza o porque queremos comprar su amor. Si tenemos algo de conciencia, estoy seguro de que todos queremos que los demás hagan las cosas solo si están dispuestos a hacerlas voluntariamente, porque se dan cuenta de que esas cosas van a enriquecer su vida si las hacen. Cualquier otra razón para hacerlas es probable que cree unas condiciones que dificultarán el trato compasivo mutuo.

MATAR A LAS PERSONAS ES DEMASIADO SUPERFICIAL

Uno de mis objetivos es demostrar cómo el proceso de comunicación no violenta puede ayudarte a expresar plenamente tu ira. En muchos de los grupos con los que trabajo, es muy importante dejar claro este aspecto. Generalmente, cuando me invitan a otros países, es para trabajar con grupos que sienten que han sido oprimidos o discriminados y quieren aumentar su poder para cambiar la situación. Muchas veces, estos grupos se preocupan un poco en cuanto oyen la expresión *comunicación no violenta*, porque en su historia, con frecuencia, han estado expuestos a diversas religiones o se les ha enseñado a reprimir su ira, a calmarse y a aceptar todo lo que les sucede. A raíz de ello, les preocupa bastante cualquier cosa que les diga que su ira es mala o que es algo que han de eliminar. Es un gran alivio para ellos cuando pueden llegar a confiar en que el proceso del que les estoy hablando no pretende reprimir, sofocar o subyugar su ira. Por el contrario, la CNV es una forma de expresarla plenamente.

Muchas veces he dicho que matar a la gente es muy superficial. Para mí, cualquier tipo de asesinato, castigo, sufrimiento o echar la culpa a alguien es una expresión muy superficial de la ira. Necesitamos algo más fuerte que matar o herir física o mentalmente a la gente. Eso es demasiado flojo. Necesitamos algo mucho más poderoso para expresarnos. El primer paso para ser capaces de expresar plenamente nuestra ira a través de la CNV es desvincular por completo a la otra persona de cualquier responsabilidad por ella. Como ya he dicho antes, esto supone borrar de nuestra conciencia cualquier pensamiento de que su acción tiene la culpa de nuestro enfado. Cuando pensamos de ese modo, podemos llegar a ser muy peligrosos y no es muy probable que lleguemos a expresarla en su totalidad. Por el contrario, es fácil que lo hagamos superficialmente culpando o castigando a la otra persona.

He enseñado a los presidiarios que quieren castigar a otros por lo que hacen, que la venganza es un grito distorsionado para pedir empatía. Cuando creemos que hemos de herir a otro, lo que realmente necesitamos es revisar cómo nuestra conducta puede haber contribuido a nuestro dolor. La mayor parte de los presos con los que he trabajado nunca ha recibido ese tipo de empatía por parte de las personas que los han ofendido. Así que hacer sufrir a esas personas era lo único que se les ocurría para aliviar su propio sufrimiento.

Se lo demostré a un preso que me dijo que quería matar a un hombre.

—Te apuesto a que te puedo enseñar algo que será más dulce que la venganza —le dije.

—Imposible, tío. Lo único que me ha mantenido vivo estos dos años en la cárcel ha sido pensar en salir e ir a por él por lo que me hizo. Eso es lo único que deseo en este mundo. Tendré que volver aquí, vale. Pero lo único que deseo es salir de aquí para cargarme a ese tío.

—Te apuesto a que puedo enseñarte algo más maravilloso que eso.

—Imposible, tío.

—¿Me concederías algo de tu tiempo?

(Me gustó su sentido del humor. «Tengo mucho tiempo», respondió, y todavía le quedaba bastante de estar allí. Por eso me gusta trabajar con presos: nunca salen corriendo para ir a hacer otra cosa).

—Lo que me gustaría enseñarte es que hay otra opción que no es hacer daño a la gente. Quiero que tú interpretes el papel de la otra persona.

MARSHALL: Es el primer día que he salido de la cárcel. Te encuentro. Lo primero que hago es agarrarte.

PRESO COMO SÍ MISMO: Buen comienzo.

MARSHALL: Te siento en una silla y te digo: «Te voy a decir unas cuantas cosas y quiero que tú me las repitas. ¿Lo has entendido?».

PRESO COMO LA OTRA PERSONA: Pero ¡puedo explicarlo!

MARSHALL COMO PRESO: Cállate. ¿Has entendido lo que te he dicho? Quiero que repitas lo que te digo.

PRESO COMO LA OTRA PERSONA: Ok.

MARSHALL COMO PRESO: Te llevé a mi casa y te traté como a un hermano. Te lo di todo durante ocho meses, y luego me hiciste aquello. Me hiciste tanto daño que apenas podía soportarlo. [Había oído al preso contar esto varias veces, así que no me costó interpretar su papel].

PRESO COMO LA OTRA PERSONA: Pero ¡puedo explicarlo!

MARSHALL COMO PRESO: Cállate. Dime lo que has oído.

PRESO COMO LA OTRA PERSONA: Después de todo lo que hiciste por mí, te sentiste muy herido. Hubieras deseado otra cosa, en vez de lo que sucedió.

MARSHALL COMO PRESO: Y luego, ¿sabes lo que ha sido estar furioso dos años día y noche, sin que nada pudiera compensarme salvo los pensamientos de hacerte daño?

PRESO COMO LA OTRA PERSONA: ¿Realmente afectó toda tu vida y lo único que has podido hacer ha sido dejar que la ira te consumiera durante dos años?

Seguimos con esta dinámica unos minutos más y, de pronto, este hombre se emocionó mucho. «Para, para, para, tienes razón. Esto es lo que necesito», me dijo.

En mi siguiente visita a aquella prisión, aproximadamente un mes más tarde, me esperaba un hombre nuevo, nada más entrar en la sala.

—Eh, Marshall, ¿recuerdas que la última vez me dijiste que cuando pensamos que disfrutaremos haciendo daño a la gente o a alguien en concreto, lo que realmente necesitamos es entender nuestro sufrimiento? —me dijo caminando de un lado a otro.

—Sí, lo recuerdo.

—¿Podríamos repetir eso hoy muy despacio? Salgo en tres días y si no lo tengo muy claro alguien saldrá herido.

Creo que cualquiera que disfruta haciendo sufrir a los demás está expuesto a mucha violencia psicológica o de otro tipo. Y necesita empatía por el enorme dolor que está sintiendo.

INTERACCIONES EN EL TALLER

De nuevo, el primer paso para tomar conciencia es darnos cuenta de que *lo que hacen los demás nunca es la causa de nuestros sentimientos*. ¿Cuál es la causa de cómo nos sentimos? Estoy convencido de que nuestros sentimientos se deben a nuestra interpretación de la conducta de los demás en un momento dado. Si te pido que vengas a recogerme a las seis en punto y vienes a las seis y media, ¿cómo me siento? Dependerá de cómo me lo tome. El hecho de que llegaras treinta minutos más tarde de lo que dijiste no es la causa de que yo me sienta como me siento, sino la forma en que elijo interpretarlo. Si opto por ponerme mis orejas de juzgar, serán perfectas para jugar a quién tiene razón, quién no y quién tiene la culpa. Si me pongo estas orejas, encontraré a algún culpable. Así que cómo interpretamos la conducta y el significado que le adjudicamos es lo que provoca nuestros sentimientos.

Existe otra conexión con los sentimientos, y esa es la otra opción. Si me pongo las orejas de la CNV, mis pensamientos no se centran en la culpa. No me quedo en mi cabeza y analizo mentalmente la equivocación por mi parte o por la de la otra persona.

Las orejas de la CNV nos ayudan a conectar con la vida, con nuestra vivencia interior. Y para mí, la mejor forma de que esta vivencia interior se revele o de que podamos entenderla es viendo cuáles son nuestras necesidades. Pregúntate: «¿Cuáles son mis necesidades en esta situación?». Cuando estás conectado con tus necesidades, puedes tener sentimientos intensos, pero nunca ira.

La ira es el producto del pensamiento alienado de la vida o del pensamiento que está desconectado de las necesidades. La ira nos dice que estamos en nuestra cabeza, que hemos elegido analizar los defectos de la otra persona y que estamos desconectados de nuestras necesidades. Pero tus necesidades son el verdadero estímulo de lo que está sucediendo, son lo que ha hecho estallar tu ira. No eres consciente de lo que necesitas, tu conciencia se centra en lo que está mal en la otra persona, no en satisfacer tus necesidades. Sin embargo, si conectas con las necesidades de la otra persona, nunca te pondrás furioso. Esto no significa que *reprimas* tu ira; simplemente, no la sentirás.

Te estoy dando a entender que tus sentimientos en cada momento se deben a tu elección de cada una de estas cuatro opciones: ¿elegimos permanecer en nuestra cabeza y juzgar al otro? ¿Elegimos permanecer en nuestra cabeza y juzgarnos a nosotros mismos? ¿Elegimos conectar con las necesidades del otro con empatía? ¿Elegimos conectar con nuestras necesidades con empatía? Esa elección es lo que determina nuestros sentimientos. Esta es la razón por la cual la comunicación no violenta necesita que detrás de la palabra *porque* vaya un pronombre muy importante, *yo*, en lugar de *tú*. Por ejemplo: «Estoy enfadado porque *yo* _____». Esto nos recuerda que lo que sentimos no es por lo que ha hecho la otra persona, sino por lo que hemos elegido.

Recuerda que yo veo la ira como producto del pensamiento alienado de la vida y provocador de violencia. Creo que toda ira tiene su razón de ser, en el sentido de que si expresamos plenamente nuestra ira estamos concienciándonos de la necesidad que no tenemos cubierta. Hay una necesidad por satisfacer, y eso la justifica: me refiero a que tenemos *razón* de sentirnos así porque no se está satisfaciendo. Hemos de cubrir esa necesidad y necesitamos la energía que nos motive a satisfacerla. Sin embargo, también estoy sugiriendo que la ira distorsiona esa energía, la aleja de la dirección hacia donde podríamos satisfacerla y la canaliza hacia la acción punitiva, y, en ese sentido, es una energía destructiva.

DE LO FILOSÓFICO A LO TÁCTICO Y LO PRÁCTICO

Voy a demostrar que lo que estoy diciendo es más táctico que filosófico. Para explicar a qué me refiero con táctico, volvamos al ejemplo del preso. No le estaba intentando vender el proceso de la CNV basándome en principios filosóficos, sino tácticos.

Cuando me dijo que los funcionarios de prisiones no habían respondido a su solicitud, le pregunté:

—Vale, ¿qué es lo que te ha hecho enfadar?

—Ya te lo he dicho. No han respondido a mi solicitud.

—Para. No me digas: «Estoy enfadado porque *ellos*...». Detente y sé consciente de lo que te estás diciendo a ti mismo que *te* estaba provocando tu enfado.

Pero no era persona de tendencias filosóficas o psicológicas, no estaba acostumbrado a resolver lo que le sucedía en su interior.

—Para. Despacio. Escucha. ¿Qué te está pasando internamente?

—Me estoy diciendo a mí mismo que no respeto a los seres humanos. Que son un puñado de burócratas fríos e impersonales —dijo por fin.

—Para. Con esto basta, ya está bien. Esta es la razón por la que estás enfadado —le dije cuando iba a proseguir—. Es este tipo de pensamiento el que despierta tu ira. Así que centra tu atención en tus necesidades. ¿Cuáles son tus necesidades en esta situación?

—Marshall, necesito la formación que he solicitado. Si no la consigo, es tan cierto como que ahora estoy aquí sentado que volveré a prisión al poco de haber salido.

PARTICIPANTE U: Tiene sentido lo que dices, pero creo que hace falta ser un supermán para aplicarlo. Me parece que la ira es muy explosiva y para ser capaz de pensar en cada uno de estos pasos hace falta estar mucho más preparado que yo.

MARSHALL: Basta con dejar de hablar. No me parece que eso sea un acto de superhéroe. Basta con callarte. No digas nada con la intención de herir a la otra persona en ese momento ni hagas nada para castigarla. Simplemente detente y solo respira y da estos pasos. Primero, cállate, eso ya es un gran paso.

PARTICIPANTE U: Pero en tu anterior ejemplo, en el que esperabas media hora a que vinieran a recogerte, para mí ni siquiera hubiera sido necesario que la otra persona estuviera allí para empezar a calentarme y a pensar: «No me puedo creer que no haya venido a buscarme. ¿Se acuerda alguna vez de lo que le pido?», etcétera, etcétera, etcétera.

MARSHALL: A lo que me estoy refiriendo es a que puedes hacer algo mientras tanto para relajarte, y eso también aumentará la probabilidad de satisfacer tus necesidades. Si sigues estos pasos que estoy mencionando, tendrás algo que decir cuando esa persona llegue, que será más probable que contribuya a que la próxima vez sea puntual. Espero estar explicándolo con claridad para que no parezca sobrehumano. Sobrehumano es reprimir la ira, intentar acallarla. Lo que pretendemos es hacer que tu atención esté conectada con la vida en cada momento. Conectamos con lo que estamos experimentando aquí y ahora, con nuestras necesidades, y centramos nuestra atención en lo que están experimentando las otras personas.

Ejemplo de la ira de una mujer

PARTICIPANTE V: Viví una situación en la que estaba conversando con alguien y, de pronto, se unió una tercera persona a la conversación. Esta tercera persona empezó a interactuar con la que yo estaba hablando, pasando totalmente de mí. Entonces, hizo el comentario de que preferían que la gente de su comunidad fuera blanca. Me enfadé mucho, porque no estaba satisfaciendo mi necesidad de seguir disfrutando de la conversación.

MARSHALL: Espera un momento. Lo dudo, dudo de que ese sea el motivo por el que te enfadaste. No creo que nos enfademos porque no podamos satisfacer nuestras necesidades. Estoy seguro de que el motivo de tu enfado fue lo que estabas pensando sobre la otra persona en aquel momento. Me gustaría que fueras consciente en este momento de lo que te estabas diciendo a ti misma respecto a ella.

En este caso, tenemos una persona que dice: «Aquí preferimos que solamente haya blancos» y se dirige a otra persona en vez de a ti. ¿Y te enfadaste por qué? ¿Porque te dijiste qué?

PARTICIPANTE V: Bueno, me pregunté: «¿Qué está haciendo, entrometiéndose en mi conversación?».

MARSHALL: Piensa en qué hay detrás de la pregunta «¿qué está haciendo?». ¿Qué piensas de alguien que actúa así?

PARTICIPANTE V: Bueno, cosas no precisamente buenas.

MARSHALL: Pero yo creo que ahí está el problema. No estoy intentando que pienses de cierto modo. Solo quiero que te des cuenta de que lo que yo he deducido está ahí. Probablemente, todo sucedió demasiado rápido.

PARTICIPANTE V: No, al momento sentí que me dejaban fuera.

MARSHALL: Bien, nos vamos acercando. Así que lo has interpretado como que te han dejado fuera. Observa cómo la imagen de «dejar fuera» no es un sentimiento. Es una interpretación. Es como ser abandonado: «Me siento abandonado». «Siento que pasan de mí». Así que realmente es una imagen, tuviste la imagen de ser excluida. ¿Y qué más está pasando aquí?

PARTICIPANTE V: Creo que ha sido más que una imagen, puesto que me estaba mirando y hablando con la otra persona, pero en esa interacción no me dirigían la palabra.

MARSHALL: Pero creo que hay veinte formas distintas de contemplar esto, de las cuales la de ser excluida solo es una más. Hay muchas otras formas posibles de interpretarlo. Y cada una va a tener un gran impacto en cómo te sientes. Volvamos a ir despacio. ¿Qué otros pensamientos te rondaban por la cabeza que te enfurecieron en ese momento?

PARTICIPANTE V: Bien, tenía pensamientos asociados con alguien que usaba la palabra *blanco*.

MARSHALL: Sí, creo que nos vamos acercando. Entonces, ¿qué imagen te viene a la mente cuando alguien usa la palabra *blanco* de esta forma? Especialmente cuando no te mira a ti, sino a los otros.

PARTICIPANTE V: Lo que me decía a mí misma era que cuando dicen *blanco*, no se refieren a mí.

MARSHALL: Es como si te estuvieran excluyendo.

PARTICIPANTE V: Y, de hecho, su conducta, su lenguaje corporal y su totalidad también me estaban transmitiendo ese mensaje.

MARSHALL: ¿Crees que te estaban excluyendo por tu raza? ¿Tienes ideas preconcebidas respecto a las personas que hacen esto?

PARTICIPANTE V: Sí, muchas, quiero decir...

MARSHALL: Ahí es a donde quiero llegar. Creo que son esos pensamientos los que se despertaron en ese momento por esa conducta y eso fue lo que te enfureció.

PARTICIPANTE V: Eso creo. Estoy de acuerdo con lo que dices. Creo que fueron ambas cosas, eso y el hecho de que me estaban excluyendo.

MARSHALL: No, no te estaban excluyendo. Tú interpretaste que lo estaban haciendo. El hecho —y estoy definiendo esta observación como un hecho— es que esa persona estaba mirando a otras. Ves, este es el hecho. Que tú lo interpretes como exclusión, como racista, como que esa persona te tiene miedo, todo esto son interpretaciones tuyas. El hecho es que no te miró. El hecho es que dijo algo sobre los *blancos.* Eso son los hechos. Pero si tú los interpretas como excluyentes, eso provocará sentimientos diferentes en ti que si lo contemplas de otro modo.

PARTICIPANTE U: Entonces, ¿cómo podrías haber gestionado eso? El lenguaje corporal la estaba excluyendo, la conversación también. Quiero decir, ¿cómo puede satisfacer sus necesidades?

MARSHALL: Si su objetivo es expresar su ira, le sugeriría que tomara conciencia de esto que estamos tratando ahora, que sea consciente de lo que se está diciendo a sí misma y que le provoca tanta ira. Entonces, en este caso, parece que está enfadada, porque enseguida interpretó que estaba siendo excluida por su raza. Esto despertó todo tipo de pensamientos como: «Esto no está bien. No deberías excluir a la gente por su raza». ¿Existía ese tipo de pensamiento en el fondo?

PARTICIPANTE V: Creo que eso llegó más tarde. Sí, lo primero que sentí es que era invisible; luego, me sentí desconcertada y confundida. No entendía por qué me estaba pasando aquello.

MARSHALL: Sí, tu respuesta inmediata, en este caso, no fue juzgar a la otra persona. La respuesta inmediata es que estabas desconcertada y confusa. Necesitabas comprensión: «¿Por qué me está pasando esto?». Entonces se me disparó la mente.

PARTICIPANTE V: Y empezó la ira.

MARSHALL: La ira empezó porque tú empezaste a elaborar hipótesis sobre por qué te estaba pasando aquello. Y querías expresar plenamente la ira que surgía de tu interpretación: «Eh, espera un momento, creo que te están excluyendo por el color de tu piel, y eso no me gusta. Creo que es racista. Creo que es injusto. No creo que nadie deba ser excluido por eso». Pensamientos de este tipo.

PARTICIPANTE V: Sí.

MARSHALL: Vale, ahora veamos el segundo paso. El primero, cállate e identifica los pensamientos que te enfurecen. A continuación, conecta con las necesidades que se ocultan detrás de esos pensamientos. Cuando te dices a ti misma: «No creo que una persona tenga que ser excluida por su raza. Creo que es injusto. Creo que es racista», estoy sugiriendo que todos los juicios de valor —y el de *racista* podría ser un buen ejemplo— son expresiones desafortunadas de las necesidades insatisfechas. ¿Cuál es la necesidad que se oculta detrás de la etiqueta de *racista*? Si etiqueto a alguien de racista, ¿cuál es mi necesidad? Me gustaría sentirme incluido, me gustaría ser tratada como a una igual. Me gustaría recibir el mismo respeto y consideración que los demás.

Para expresar plenamente mi ira, abro la boca y digo todo esto, porque ahora la ira se ha transformado en

mis necesidades y sentimientos de necesidad de conexión. Sin embargo, los sentimientos de necesidad
de conexión me dan mucho más miedo que expresar
la ira.

«Esa es una conducta racista». Esto no me cuesta nada
decirlo. Casi me gusta. Pero sí que me da mucho miedo
profundizar en lo que oculta ese sentimiento, porque
en mi caso está tan relacionado con el racismo que me
asusta, pero eso es expresar plenamente la ira.

Así que abro la boca y le digo a la otra persona: «Cuando te has unido al grupo ahora mismo y has empezado
a hablar con los demás sin dirigirte a mí y, al poco, he
oído un comentario sobre los *blancos*, se me ha revuelto
el estómago y me ha dado miedo. Esto ha despertado
todo tipo de necesidades por mi parte, de ser tratada
igual que los demás, y ahora me gustaría que me dijeras
cómo te sientes al oírme decir esto».

PARTICIPANTE V: De hecho, sí tuve una conversación parecida con esa persona. Y en parte mi frustración y mi ira,
que no han desaparecido, se deben a que no pude llegar muy lejos. Tengo la sensación de que tuve toda una
gama de experiencias que no llegó a comprender.

MARSHALL: De modo que si te estoy entendiendo bien,
¿crees que la otra persona no llegó a conectar y a entender todo lo que te estaba pasando en aquel momento?

PARTICIPANTE V: Así es. Y además, con el paso de los años, he
ido acumulando lo que yo llamaría rabia por la brecha
en la comprensión.

Conseguir que los demás entiendan nuestros sentimientos y nuestras necesidades

MARSHALL: Nuestra meta es que la otra persona nos entienda. De modo que cuando expreso plenamente mi ira implica que no solo estoy expresando los sentimientos profundos que la ocasionan, sino que también ayuda a esta persona a que la entienda.

Para ello, hemos de desarrollar ciertas habilidades, porque si queremos que esa persona nos entienda, la mejor forma de conseguirlo es comprenderla primero a ella. Cuanto más empatice en lo que condujo a esa persona a comportarse de ese modo, más probabilidades tendré de que me corresponda y escuche la profundidad de mi experiencia. Va a ser muy difícil para ella oírlo. De modo que si quiero que me escuche, primero tendré que empatizar.

Os voy a dar una idea de cómo gestionar esto en una situación semejante. En los últimos treinta años, he tenido mucha experiencia con el racismo, porque empecé a usar la CNV con personas con ideas muy cerradas al respecto. Por desgracia, a día de hoy, en muchos de los países donde trabajo, este es el principal problema para los ciudadanos. En muchos países del mundo, los cabezas rapadas y otros grupos neofacistas están consiguiendo que salir a la calle no sea nada seguro. Este es un tema muy importante, así que hemos de dominar bien esta técnica para conseguir que nos entiendan.

Una mañana temprano, vino a recogernos al aeropuerto un taxi a mí y a otra persona para llevarnos a la ciudad. Por el altavoz de la radio del taxi oímos: «Recoge al señor Fishman en la sinagoga en tal y tal sitio». El hombre que tenía al lado dijo: «Estos judíos se levantan pronto para poder estafar el dinero a todo el mundo». Me salía humo por las orejas, porque por menos que eso me convierto en un maníaco. Durante muchos años, mi primera reacción habría sido herir físicamente a esa persona. Durante veinte segundos, tuve que respirar profundo y brindarme empatía por todo mi dolor, miedo, rabia y otros sentimientos que tenía en aquel momento.

Escuché aquello. Era consciente de que mi rabia no se debía a él ni a lo que había dicho. Mi ira, la profundidad de mi miedo, no podía desatarse solo por ese comentario. Era algo mucho más profundo. Sabía que no tenía nada que ver con lo que había dicho, solo fue el detonante que me hizo estallar como un volcán.

Me recosté en el taxi y me dediqué a disfrutar del espectáculo de juicios de valor que tenía lugar en mi cabeza. Disfruté de las imágenes de aplastarle la cabeza. Hasta que salieron las primeras palabras de mi boca: «¿Está usted bien?». Quería empatizar con él. Quería escuchar su sufrimiento. ¿Por qué? Porque quería que él se diera cuenta. Quería que se diera cuenta del efecto que habían producido en mí sus palabras. Pero también he aprendido que si deseo recibir ese tipo de comprensión respecto a lo que me está sucediendo, la otra persona no podrá percibirlo si está con su propia tormenta interior. Así que quería conectar y mostrarle empatía respetuosa por la energía vital que estaba detrás de ese comentario, porque mi experiencia me decía que si lo hacía, él podría escucharme. No sería fácil, pero podría hacerlo.

—Parece que ha tenido malas experiencias con los judíos.

—Sí —respondió mirándome—. Son despreciables. Son capaces de hacer cualquier cosa por dinero.

—Parece que desconfía mucho de ellos y que necesita protegerse cuando tiene que relacionarse con ellos por negocios.

—Así es.

Él empezó a hablar y yo a escuchar sus sentimientos y necesidades. Cuando centras tu atención en los sentimientos y necesidades de los demás no hay conflictos. Porque ¿cuáles eran sus sentimientos y necesidades? Cuando oí que estaba asustado y que quería protegerse, pude entenderlo. Yo tengo esas necesidades. Necesito protegerme. Sé lo que es estar asustado. Cuando mi conciencia está en los sentimientos y necesidades de otro ser humano, me doy cuenta de la universalidad de nuestras experiencias. Tal vez tenga un grave conflicto con lo que pasa por la cabeza de otra persona, con su forma de pensar, pero he aprendido que disfruto mucho más de los seres humanos cuando no oigo lo que piensan. Me he dado cuenta de que, especialmente con personas que albergan este tipo de pensamientos, puedo disfrutar mucho más de la vida si escucho lo que dice su corazón y no me quedo atrapado por lo que sale de su mente.

Al cabo de un rato, este hombre empezó a sacar su tristeza y frustración. Sin darnos cuenta, pasó del tema de los judíos al de los negros y otras etnias. Sentía mucho dolor por todo tipo de cosas.

A los diez minutos de estar escuchándolo, se calló. Se sintió comprendido. Entonces, era mi turno de transmitirle lo que yo sentía.

—Cuando usted empezó a hablar, me sentí muy frustrado y desanimado, porque mi experiencia con los judíos difiere bastante de la suya, y realmente deseaba que usted tuviera una experiencia más parecida a la mía. ¿Puede repetir lo que le he dicho?

—Bueno, verá, no quiero decir que todos sean...

—Perdone. Un momento, un momento. ¿Podría repetirme lo que le he dicho?

—¿A qué se refiere?

—Permítame que le repita lo que le estoy intentando decir. Quiero que usted oiga, que realmente escuche, el dolor que he sentido al escuchar sus palabras. Es muy importante para mí que usted escuche esto. He dicho que he sentido una gran tristeza, porque mi experiencia con los judíos es totalmente distinta a la suya, y estaba deseando que usted pudiera tener otro tipo de experiencia con lo que yo le iba a contar. ¿Puede repetir lo que le he dicho?

—Bueno, está diciendo que no tengo razón al decir lo que he dicho.

—No, no pretendo culparlo de nada. De verdad que no es mi intención culparlo de nada.

Si sentía que pretendía culparlo, es que no lo había entendido. Si hubiera expresado: «He dicho algo terrible, ha sido un comentario racista, no debería haberlo hecho», sigue significando que no lo ha captado. Si hubiera oído que hizo algo mal, es que no lo había entendido. Lo que yo quería era que escuchara el sufrimiento que había despertado en mi corazón al decir esas cosas. Quería que se diera cuenta de cuáles eran mis necesidades no satisfechas cuando dijo eso. No quería culpabilizarlo. Eso es demasiado fácil.

Así que nos lo hemos de trabajar, hemos de darle un tirón de orejas a la persona que juzga. Esta es la razón: las personas que juzgan no están acostumbradas a escuchar sentimientos y necesidades. Están acostumbradas a oír reproches; entonces, o están de acuerdo con ellos y se odian a sí mismas, lo cual no sirve para que dejen de comportarse de ese modo, o te odian a ti por llamarlas racistas, lo cual tampoco evita que se comporten de ese modo. A esto es a lo que me refiero cuando digo que necesito que la otra persona lo capte. Para ello, es probable que primero tengas que escuchar su dolor durante un rato.

Antes de llegar a ser capaz de escuchar el sufrimiento de esas personas, he tenido que hacer mucho trabajo interior durante años, por supuesto. ¡Mucho trabajo!

PARTICIPANTE V: Todavía siento que necesito protegerme. Es decir, si tuviera elección, me limitaría a evitar interactuar con esa persona, pero como entró en mi espacio, me involucré. Y no estoy segura de entender lo que intentas decir.

MARSHALL: Lo que estoy diciendo es que si queremos expresar plenamente nuestra ira a la persona implicada, yo realizaría el proceso. Eso no implica que *siempre* quiera expresarle mi ira a ese tipo de gente. Con frecuencia, lo que necesito es hablar del tema con alguien más y pasar de la otra persona. Pero si realmente quisiera hacerla partícipe de mi ira, le brindaría la empatía necesaria para que pudiera abrirse a los sentimientos y necesidades profundos que ese tipo de conducta despierta en mí. Esta es la mejor forma que he descubierto de poder expresar plenamente mi ira, para que mi interlocutor entienda la profundidad de lo que me está sucediendo. Como has dicho, no basta con desahogarme. Mi intención es que lo capte, que me escuche con empatía. Eso no implica que tenga que estar de acuerdo conmigo, ni siquiera que tenga que cambiar su conducta. Me basta con que escuche lo que me pasa. Así que durante veinte segundos en el taxi, se reprodujeron en mi mente una gran cantidad de temas de mi vida, y me dediqué a disfrutarlos.

Disfrutar del espectáculo de juicios de valor que tiene lugar en tu mente

Esto es lo que me pasa en este tipo de situaciones. No hace mucho, estaba en otro país, y alguien se dirigió a mí en un tono bastante crítico. La persona empezó a bla, bla, bla, diciendo algunas cosas muy críticas sobre mí, y esta fue mi reacción.

[Marshall se queda en silencio un rato].

—Por lo que veo usted está realmente enfadado y le hubiera gustado esto y aquello —le dije al final.

—Sí y bla, bla, bla —respondió.

Y esta fue mi reacción.

[Marshall se vuelve a quedar en silencio].

—Parece que se siente usted herido, porque le hubiera gustado bla, bla, bla.

—Sí y bla, bla, bla.

Bueno, esta dinámica siguió así durante un rato y, cuando terminó, una mujer me dijo:

—Marshall, nunca he visto una persona más compasiva que tú. Si alguien me hubiera hablado como te han hablado a ti, habría llegado a las manos. ¿Cómo lo has hecho?

—Voy a explicarte qué es lo que estaba sintiendo. ¿Recuerdas la primera frase?

—Sí.

—Esta fue mi primera reacción: «Si no cierras el pico, te voy a meter la cabeza por el #&%$#. De hecho, tienes la cabeza tan metida ahí que necesitas un ombligo de celofán para ver». Y la cosa fue a peor a partir de ahí. Me refiero a que me vinieron imágenes muy gráficas, hasta que empecé a pensar que las palabras de esa persona, probablemente, estaban evocando alguna situación bochornosa que había experimentado de pequeño. Me di cuenta de que detrás de esa reacción tenía mucho miedo. Pasé de esta rabia y ganas de pegarle a ser consciente de la humillación que había detrás de ello. De modo que me callé y escuché. Y luego, capté esa humillación, ese miedo a ser humillado, y sentí un gran alivio físicamente. Entonces, pude hacer lo que me has oído decir, cuando conseguí redirigir mi atención hacia sus sentimientos y necesidades. ¿Recuerdas la segunda afirmación con la que me castigó?

—Sí —respondió.

—Esta fue mi primera reacción. —Se la conté, y a esta mujer se le pusieron los ojos como platos.

—Jamás hubiera imaginado que fueras tan violento.

Así que pasé de ser compasivo a ser muy violento en un par de interacciones.

Bien, están ambas cosas. Albergo una gran cantidad de violencia que está condicionada por factores culturales y otras cosas. Me agrada esto. Cuando me enfado, simplemente me dedico a observar este espectáculo de violencia que tiene lugar en mi cabeza. Escucho todas las cosas violentas que me gustaría decir y veo las cosas que me gustaría hacerle a esa persona, y escucho el sufrimiento que hay detrás de ello. Cuando llego al dolor que se esconde detrás de esa actitud, siempre siento alivio.

Entonces, puedo dirigir mi atención al aspecto humano de la otra persona.

No reprimo nada, más bien al contrario. Disfruto del proceso, de este espectáculo de violencia mental. No hago nada, porque hacer sería demasiado superficial. Si salto y culpo a los demás, jamás llegaremos a la esencia de este sufrimiento. No voy a ser capaz de expresarles plenamente mis necesidades y conseguir que las entiendan. Solo nos enzarzaremos en una discusión y ya sé cómo termina eso: incluso aunque gane, no me sentiré bien. Así que no, lo que quiero realmente es expresar lo que me pasa en mi interior.

Tómate tu tiempo

PARTICIPANTE W: Antes has dicho que esto era un proceso lento, que necesitas tiempo, que te tomas tu tiempo para darte empatía. Bien, si intentas tener una conversación y, a la vez, gestionar ese tiempo, me parece que tendrás que decirle a la otra persona: «Un momento, tengo que pensar antes de responder». Me refiero a que puede que pienses más despacio para poder responder.

MARSHALL: Sí. Como he dicho antes, siempre llevo encima una foto del hijo de mi amigo, con su camiseta que dice: «Tómate tu tiempo». Esa foto de ese joven con su camiseta es un símbolo muy potente para mí. Para mí, tal vez sea la parte más importante de aprender este proceso y vivir de acuerdo con él. Tómate tu tiempo.

Sí, a veces, me parece raro no comportarme automáticamente como me enseñaron, pero quiero tomarme mi tiempo para vivir en armonía con mis valores, en vez de vivir como un robot, haciendo sin pensar aquello para lo que fui programado en la cultura en la que me he educado. Así que sí, tómate tu tiempo. Puede resultar extraño, pero para mí es mi vida. Me voy a tomar mi tiempo para vivirla como deseo, aunque parezca absurda.

Sam Williams, un amigo mío, resumió este proceso en una tarjeta de 13 x 8 centímetros, como las que ahora vendemos en la Asociación para la Comunicación No Violenta (sacamos la idea de Sam). La usaba como chuleta en su trabajo. Se le acercaba su jefe con una actitud crítica y se tomaba su tiempo. Se detenía, miraba la tarjeta que tenía en su mano y recordaba cómo responder. «Sam, ¿no cree la gente que eres un poco raro cuando te pones a mirar la mano y te tomas todo ese tiempo?», le dije. «En realidad, no me lleva tanto tiempo. Pero aun así, no me importa. Quiero asegurarme de que respondo lo que quiero responder», me contestó.

Pero en su casa, fue muy claro al respecto. Explicó a sus hijos y a su esposa por qué usaba esta tarjeta, «Puedo parecer raro y que me tomo mucho tiempo. Pero esta es la razón por la que lo hago». Cuando discutían en casa, se tomaba su tiempo. Y al cabo de un mes aproximadamente, se sintió lo bastante cómodo para dejar de usarla.

Una noche, él y Scotty, su hijo de cuatro años, se estaban peleando por la televisión, y la cosa no iba por buen camino. Entonces, fue Scotty el que le dijo: «Papá, uti-liza la tarjeta».

FRASES PARA LA IRA

- La forma en que elijo contemplar esta situación afec-tará mucho a mi poder para cambiarla o empeorarla.
- No hay nada que pueda hacer otra persona para que me enfade.
- Cualquier pensamiento que incluya el verbo *debería* in-cita a la violencia.
- No creo que nos enfademos porque no se satisfacen nuestras necesidades. Creo que nos enfadamos por nuestros juicios de valor respecto a los demás.
- La ira es un sentimiento natural creado por un pensa-miento antinatural.
- No estoy diciendo que esté mal juzgar a la gente. Lo que importa es que seamos conscientes de que son los juicios de valor lo que provoca nuestra ira.
- Aunque no expreses las críticas en voz alta, tus ojos te delatan.
- Utiliza la frase «siento esto porque yo...» para recor-darte que lo que sientes no es por lo que ha hecho la otra persona, sino por lo que has elegido pensar.
- Para mí, lo que estamos viviendo internamente se pue-de entender mejor identificando cuáles son nuestras necesidades. Pregúntate: «¿Cuáles son mis necesidades en esta situación?».
- Cuando estoy conectado con mis necesidades, tengo sentimientos intensos, pero jamás ira. Para mí la ira siempre es el producto del pensamiento alienado de la vida, violento y provocador.

- Matar a alguien es algo muy superficial. Para mí, cualquier forma de asesinar, culpabilizar o herir a otras personas es una manifestación muy superficial de la ira.

- Nuestra finalidad es mantener, en todo momento, nuestra atención conectada con la vida, con la vida que hay en nuestro interior. ¿Cuáles son nuestras necesidades en este momento y qué está vivo en los demás?

- La tristeza es un sentimiento que nos impulsa a satisfacer nuestras necesidades. La ira es un sentimiento que nos impulsa a culpabilizar y a castigar a los demás.

- Expresar plenamente la ira no solo significa que he de expresar los profundos sentimientos que hay tras ella, sino que ayudo a la otra persona a que me entienda.

- Expresar plenamente la ira significa ser muy conscientes de la necesidad que no está siendo satisfecha.

- La mejor forma de recibir comprensión de los demás es ofrecerles comprensión. Si quiero que escuchen mis necesidades y sentimientos, primero he de empatizar con ellos.

- Cuando le brindo a la gente la empatía que necesita, he observado que no le cuesta tanto escucharme.

- La ira es un sentimiento muy valioso en la CNV. Es una señal de alarma. Me indica que estoy pensando de formas que es casi seguro que no satisfacen mis necesidades. ¿Por qué? Porque mi energía no está conectada con ellas y ni siquiera soy consciente de cuáles son cuando estoy furioso.

5

EDUCAR A LOS NIÑOS
CON COMPASIÓN

Educar al estilo de la comunicación no violenta

L levamos más de treinta años enseñando comunicación no violenta a padres y madres. Me gustaría compartir algunas de las cosas que nos han sido útiles a mí y a los padres con los que he trabajado, así como algunas de las revelaciones que he tenido en el maravilloso y difícil trabajo de ser padre.

En primer lugar, me gustaría llamar tu atención sobre el peligro de la palabra *niño/niña* cuando permitimos que su aplicación implique un tipo de respeto diferente al que le concederíamos a alguien que no llevara esa etiqueta. Dejad que os explique a qué me estoy refiriendo.

En los talleres para padres y madres que llevo haciendo desde hace muchos años, divido al grupo en dos. Pongo a un grupo en una sala y al otro en otra, y les doy la tarea de escribir, en una hoja de papel grande, un diálogo entre el que escribe y otra persona con la que tiene un conflicto. Explico a ambos grupos cuál es el conflicto. La única diferencia es que a uno de los grupos le digo que la otra persona es su hijo o hija, y al otro grupo, que la otra persona es su vecino.

Después, nos reunimos de nuevo, revisamos lo que han escrito y subrayamos los diálogos que pertenecen a cada grupo. (No permito que los grupos sepan quién es la persona a la que va dirigido el diálogo del otro grupo, así que ambos piensan que la situación es la misma).

Después de que todos hayan tenido la oportunidad de ojear los diálogos de ambos grupos, les pregunto si ven alguna diferencia en cuanto a respeto y compasión. Cada vez que he hecho esto, el grupo que trabajaba en la situación en que la otra persona era su hijo o hija, era visto como menos respetuoso y compasivo en su forma de comunicarse que el grupo que trataba con el vecino. Desgraciadamente, esto revela a los asistentes a estos talleres lo fácil que es deshumanizar a alguien por el simple proceso mental de considerarlo «nuestro hijo/hija».

MI PROPIA REVELACIÓN

Un día tuve una experiencia que me sirvió para darme cuenta realmente de lo peligroso que es pensar que las personas son niñas y niños. Tuve esta experiencia después de un fin de semana en el que había trabajado con dos grupos: una pandilla callejera y un departamento de policía. Estaba mediando entre los dos grupos. Había habido una considerable cantidad de violencia entre ellos y me habían pedido que hiciera de mediador. Después de pasar tanto tiempo en esa mediación, ayudándolos a gestionar tanta violencia, me quedé agotado. Mientras conducía de regreso a casa, pensé: «No quiero volver a hacer de mediador en ningún otro conflicto en lo que me quede de vida».

Cuando entré en mi casa por la puerta trasera, mis tres hijos se estaban peleando, por supuesto. Les expresé mi tristeza, como solemos hacerlo en la CNV. Expresé cómo me sentía, cuáles eran mis necesidades y mis peticiones. Lo hice de este modo:

—¡Cuando oigo todo lo que está pasando aquí ahora me pongo muy tenso! ¡Necesito un poco de paz y silencio después del fin de semana que he pasado! ¿Estaríais dispuestos a darme ese tiempo y ese espacio? —les dije gritando.

—¿Quieres hablar de ello? —me dijo mirándome mi hijo mayor.

No obstante, en aquel momento, lo deshumanicé en mi mente. ¿Por qué?, porque me dije a mí mismo: «¡Qué tierno, mi hijo de nueve años intentando ayudar a su padre». Pero veamos esto con más detalle: cómo estaba despreciando su ofrecimiento por su edad, porque le había puesto la etiqueta de que era un niño. Por suerte, me di cuenta de lo que pasaba por mi cabeza, y tal vez, pude verlo con mayor claridad gracias a que el trabajo que había estado haciendo con la pandilla y la policía me había mostrado el peligro de pensar en las personas como etiquetas, no como humanos.

Así que en lugar de verlo como a un niño y pensar «¡qué tierno!», lo vi como a un ser humano que le estaba tendiendo su mano a otro ser humano que estaba sufriendo, y le respondí: «Sí, me gustaría hablar de ello». Y los tres me siguieron a otra habitación y me escucharon mientras yo les abría mi corazón diciéndoles lo doloroso que era para mí ver que las personas pueden llegar al extremo de querer hacerse daño mutuamente, solo porque no se les ha enseñado a respetar la humanidad de su prójimo. Después de hablar unos cuarenta y cinco minutos, me sentí de maravilla, y según recuerdo, volvimos a encender el equipo de música y nos pusimos a bailar como locos.

NUESTRA EDUCACIÓN COMO PADRES

No estoy sugiriendo que no usemos la palabra *niño/niña* como un término breve para indicar que estamos hablando de personas de hasta cierta edad. Me estoy refiriendo a cuando permitimos que este tipo de etiqueta nos impida ver a la otra persona como a un ser humano y nos conduce a deshumanizarla, debido a lo que nuestra cultura nos ha enseñado sobre los «niños/niñas». Voy a ampliar lo que estoy diciendo sobre cómo la etiqueta *niño/niña* puede propiciar conductas poco afortunadas.

Con la educación que recibí sobre la crianza pensaba que la labor de los padres era conseguir que los hijos/hijas se portaran bien. Verás, en la cultura en la que fui educado, una vez que te identificas con el papel de ser una figura de autoridad –maestro o padre o madre–, consideras que es tu responsabilidad hacer que las personas a las que calificas de «niño/niña» o «estudiante» se comporten de cierta manera.

Ahora me doy cuenta de lo contraproducente que es este objetivo, porque he aprendido que cada vez que nuestra meta es conseguir que otra persona se comporte de cierta manera, lo más probable es que se resista, pidamos lo que pidamos. Y esto se aplica a cualquier persona tanto si tiene dos años como noventa y dos.

Este objetivo de conseguir lo que queremos de los demás –o hacerles hacer lo que nosotros queremos– amenaza su independencia, su derecho a decidir lo que quieren hacer. Y siempre que las personas sienten que no son libres para hacer lo que quieren, es muy probable que se resistan, aunque vean que lo que les estamos pidiendo tiene sentido y que en circunstancias normales lo harían. Tan fuerte es nuestra necesidad de proteger nuestra autonomía que si percibimos que alguien está obsesionado con que hagamos algo, si actúa pensando que sabe qué es lo mejor para nosotros, pero sin dejarnos opción a elegir nuestra conducta, eso fomentará nuestra resistencia.

LAS LIMITACIONES DE LA COERCIÓN Y EL CASTIGO

Siempre estaré agradecido a mis hijos por educarme sobre las limitaciones que entraña el objetivo de conseguir que la gente haga lo que tú quieres. Me enseñaron que, antes que nada, no podía hacer que ellos hicieran lo que yo quería. No podía obligarlos a hacer nada. No podía conseguir que guardaran ni un solo juguete en la caja. No podía conseguir que se hicieran la cama. No podía hacerles comer. Fue una gran lección de humildad como padre —darme cuenta de mi impotencia—, porque de algún modo me habían inculcado que la responsabilidad de los padres era hacer que los hijos tuvieran buena conducta. Y allí estaban esos pequeños dándome esta lección de humildad. No podía obligarlos a hacer nada, lo único que podía hacer era motivarlos a que desearan hacerlo. Siempre que era lo bastante tonto como para intentar hacer eso —es decir, conseguir que desearan hacerlo— me enseñaban una segunda lección sobre crianza y poder, que ha sido muy valiosa para mí con el paso de los años. Y esa lección era que cada vez que los motivaba para desear hacer algo, ellos conseguían que me arrepintiera de haberlos motivado a ello. La violencia engendra violencia.

Me enseñaron que cualquier uso de coerción por mi parte crearía irremediablemente resistencia por la suya, que a su vez podría conducir a una mala conexión entre nosotros. No quiero ese tipo de conexión con nadie, pero mucho menos con mis hijos, los seres humanos más allegados a mí y sobre los que tengo una responsabilidad. Mis hijos son las últimas personas con las que desearía entrar en estos juegos coercitivos, de los cuales el castigo es uno de ellos.

Muchos padres defienden con vehemencia el concepto del castigo. Los estudios indican que un ochenta por ciento de los padres estadounidenses creen firmemente en el castigo corporal para los hijos. Es casi el mismo porcentaje de la población que cree en la pena capital para los criminales. Con semejante número de personas que piensan que el castigo está justificado y que es necesario en la educación de los hijos, en todos mis años de profesión he tenido muchas oportunidades para hablar del tema con los padres y madres, y me alegro de haber podido comprobar que se los puede ayudar a ver las limitaciones de cualquier tipo de castigo, si se plantean dos preguntas a sí mismos.

Pregunta uno: «¿Qué queremos que el niño haga de otro modo?». Si solo nos hacemos esta pregunta, puede parecer que el castigo realmente funciona, porque sin duda alguna, bajo la amenaza o la aplicación del castigo, a veces, podemos conseguir que el niño o niña haga lo que nos gustaría que hiciese.

No obstante, cuando añadimos la segunda pregunta, mi experiencia ha sido que los padres se dan cuenta de que el castigo no funciona nunca. La segunda pregunta es:

«¿Cuáles queremos que sean las razones del niño o niña para que actúe como nos gustaría?». Esta es la pregunta que nos ayuda a darnos cuenta de que el castigo no solo no funciona, sino que impide que nuestros hijos hagan las cosas por las razones que nos gustaría que las hicieran.

Puesto que el castigo se suele usar y justificar tanto, los padres se imaginan que lo opuesto al castigo es una especie de permisividad en la que no hacen nada cuando sus hijos actúan de formas que van en contra de sus principios. Por consiguiente, solo se les ocurre pensar: «Si no los castigo, entonces no estoy siendo fiel a mis principios y les estoy dejando hacer lo que les dé la gana». Como veremos a continuación, hay otros enfoques que no son la permisividad o la coerción.

Ahora que todavía estoy con esto, me gustaría decir que la recompensa es tan coercitiva como el castigo. En ambos casos, estamos usando el *poder*, controlando el entorno de manera que intentamos forzar a los demás a comportarse como a nosotros nos gustaría. En este aspecto, la recompensa surge de la misma línea de pensamiento que el castigo.

CIERTA CALIDAD EN LA CONEXIÓN

Hay otro enfoque además de no hacer nada o de usar tácticas coercitivas. Implica que seamos conscientes de la sutil, pero importante, diferencia entre que nuestro objetivo sea conseguir que la gente haga lo que queremos, lo cual no defiendo, y tener claro que ese objetivo es generar la conexión necesaria para que se satisfagan las necesidades de todos.

Por propia experiencia sé que cuando vemos la diferencia entre estos dos objetivos, tanto cuando tratamos con niños como con adultos, es decir, cuando no estamos intentando conscientemente conseguir que alguien haga lo que queremos, sino que intentamos crear la cualidad de preocupación mutua, de respeto mutuo, una cualidad en que ambas partes piensen que su necesidad importa y son conscientes de que sus necesidades y el bienestar del otro son interdependientes, es increíble cómo se pueden solucionar fácilmente conflictos que, de otro modo, sería imposible resolver.

El tipo de comunicación que utilizamos para crear la cualidad de conexión necesaria para satisfacer las necesidades de todos es muy diferente de la que empleamos en las tácticas coercitivas para resolver diferencias con los niños. Hemos de alejarnos de evaluar a los niños en términos moralistas de tener razón o estar equivocado, ser bueno o malo, y usar un lenguaje que se base en las necesidades. Hemos de ser capaces de decirles a los niños que lo que están haciendo está en armonía o en conflicto con nuestras necesidades, pero hemos de hacerlo de manera que no provoque culpa o vergüenza en el menor. Así que puede que tengamos que decirle: «Tengo miedo cuando veo que le pegas a tu hermano, porque necesito que los miembros de mi familia estén a salvo», en lugar de decir: «No está bien pegarle a tu hermano». Tal vez tengas que cambiar y, en vez de decir: «Eres un vago por no limpiar tu habitación», decir: «Me frustro cuando veo que no te has hecho la cama, porque necesito realmente que me ayudes para tener la casa ordenada».

Este cambio de lenguaje, en el que no clasificamos la conducta del menor en cuanto a tener razón o estar equivocado, ser bueno o malo, y usamos uno basado en las necesidades, no es sencillo para las personas que han sido educadas por maestros o progenitores que utilizaban juicios moralistas. También es necesario que sepamos estar presentes con nuestros hijos y escucharlos con empatía cuando están afligidos. Esto tampoco es fácil cuando se nos ha enseñado que los padres han de intervenir, aconsejar o intentar arreglar las cosas.

Cuando trabajo con padres, revisamos las situaciones que es fácil que se produzcan, en las que el menor dice algo como: «No le gusto a nadie». Cuando los niños o niñas dicen algo parecido, creo que necesitan una conexión empática. Con esto me refiero a una comprensión respetuosa, en la que puedan sentir que estamos presentes escuchando lo que sienten y necesitan. A veces, podemos hacerlo en silencio, comunicando con los ojos que estamos con sus sentimientos de tristeza y su necesidad de conectar con sus amigos de otro modo. O también podemos decirlo en voz alta: «Parece que estás muy triste, porque no te lo estás pasando muy bien con tus amigos».

Pero muchos padres creen que su deber es hacer siempre felices a sus hijos, saltan en cuanto uno de ellos dice algo parecido, y tratan de ayudarlo diciéndole algo así: «Bueno, ¿te has fijado en cómo te has estado comportando últimamente que pueda ser la causa de que se alejen tus amigos?». O discuten con él: «Eso no es cierto. Antes tenías amigos. Estoy seguro de que volverás a tenerlos». O le dan consejo: «Quizás si les hablaras de otro modo, les gustarías más a tus amigos».

De lo que no son conscientes es de que todos los seres humanos, cuando estamos sufriendo, necesitamos presencia y empatía. Puede que necesitemos consejo, pero lo queremos después de haber recibido una conexión empática. Mis propios hijos me han enseñado esto por la vía dura diciéndome: «Papá, por favor, guárdate tus consejos, a menos que recibas una petición por escrito firmada por un notario».

LAS LIMITACIONES DE LAS RECOMPENSAS

Muchas personas creen que es más humano utilizar recompensas que castigos. Pero yo veo ambas cosas como una forma de ejercer poder *sobre* los demás, y la comunicación no violenta se basa en el poder *con* las personas. En el poder *con* las personas, no intentamos influir en cómo vamos a hacer sufrir a los demás si no ceden a nuestros deseos o en cómo vamos a recompensarlos si lo hacen. Es un poder que se basa en la confianza y el respeto mutuo, que ayuda a que las personas se abran, se escuchen, aprendan las unas de las otras y se entreguen a los demás por el deseo de aportarse bienestar mutuamente, en lugar de por miedo al castigo o por la esperanza de obtener una recompensa.

Conseguimos este tipo de poder –poder *con* la gente– cuando somos capaces de comunicar abiertamente nuestros sentimientos y necesidades sin criticar a los demás. Lo hacemos ofreciéndoles lo que nos gustaría recibir de ellos, de manera que no pueda ser interpretado como una exigencia o una amenaza. Y como también he dicho, requiere de nosotros que escuchemos realmente lo que intentan comunicar los demás y que demostremos que los hemos entendido bien, en lugar de interrumpir rápidamente, dar consejos o intentar arreglar las cosas.

Para muchos padres, la forma en la que estoy hablando sobre la comunicación es tan diferente que dicen: «No me parece natural comunicarse de este modo». Justo en el momento en que estaba desarrollando estas ideas, acababa de leer algo que escribió Gandhi: «No confundas lo habitual con lo natural». Gandhi dijo que, muchas veces, en nuestra cultura, se nos enseñaba a comunicarnos y a actuar de formas muy antinaturales, pero que se volvían habituales, porque se nos enseñaba, por razones varias, a hacer las cosas de ese modo. Esa cita me pareció cierta en lo que respecta a la forma en que me habían enseñado a comunicarme con mis hijos. Como padre, estaba muy acostumbrado a comunicarme a través de juicios de valor sobre lo correcto e incorrecto, el bien y el mal, y a impartir castigos. Pero no diría que solo porque algo se ha convertido en un hábito, es natural.

Me he dado cuenta de que es mucho más natural que conectemos con amor y respeto, y hagamos las cosas para alegrarnos mutuamente, en vez de utilizar el castigo y la recompensa, o el reproche y la culpa como medio de coerción. Pero esta transformación exige que seamos muy conscientes y requiere mucho esfuerzo.

TRANSFORMAR TU FORMA HABITUAL DE COMUNICARTE

Recuerdo una vez que estaba en pleno proceso de transformación de mi forma habitual de comunicarme con mis hijos a la forma que estoy enseñando ahora. El día en cuestión, mi hijo mayor y yo teníamos un conflicto, y me estaba costando bastante comunicarme de la manera que había elegido, en vez de hacerlo como estaba acostumbrado. Casi todo lo que se me pasaba por la cabeza eran frases coercitivas, en la forma de algún juicio de valor respecto a él por haber dicho lo que había dicho. Tuve que parar, respirar profundo y reflexionar sobre cómo podía conectar más con mis necesidades y con las de mi hijo. Esto me estaba costando un poco y él se estaba empezando a frustrar porque tenía un amigo que lo estaba esperando en la calle.

—Papá, te está costando mucho hablar —me dijo.

—Deja que te diga lo que puedo decirte sin pensar: «Hazlo a mi manera o te daré una patada en el culo —le respondí.

—Tómate tu tiempo, papá. Tómate tu tiempo —respondió.

Así que sí, prefiero tomarme mi tiempo y hablar con la energía que elijo para comunicarme con mis hijos, en lugar de responder habitualmente de la forma en que me han enseñado a hacerlo, cuando en realidad no coincide con mis valores. Por desgracia, solemos recibir más apoyo de los nuestros cuando juzgamos y castigamos, que cuando somos respetuosos con nuestros hijos.

Recuerdo una cena de Acción de Gracias en la que estaba haciendo todo lo posible por comunicarme con mi hijo menor de la manera que estoy enseñando, y no era fácil porque me estaba poniendo a prueba. Pero yo me estaba tomando mi tiempo, respirando profundo, intentando entender sus necesidades, a la vez que trataba de comprender las mías para expresarlas respetuosamente. Hubo un momento en que otro miembro de mi familia, que estaba observando mi conversación y que había sido educado en otra forma de comunicarse, se acercó a mí y me susurró al oído: «Si fuera mi hijo, se arrepentiría de lo que está diciendo».

He hablado con muchos padres que han tenido experiencias parecidas de recibir críticas, en vez de apoyo, al intentar relacionarse de formas más humanas con sus hijos. La gente puede confundir lo que estoy diciendo con la permisividad o con no encarrilar a los hijos como debería, en lugar de entender que es una forma diferente de encarrilarlos.

Es encauzarlos en una dirección que se basa en la confianza mutua, en lugar de que una de las partes imponga su autoridad sobre la otra.

Uno de los resultados más desafortunados de que nuestro objetivo sea que nuestros hijos nos obedezcan, en lugar de que sea que todos obtengamos lo que deseamos, es que, al final, los hijos interpreten como una exigencia cualquier cosa que les pidamos. Y cuando alguien escucha una exigencia, le cuesta ver el valor de lo que se le está exigiendo, porque, como he dicho antes, amenaza su autonomía, y la autonomía es una necesidad muy importante que todos tenemos. Quieren ser capaces de hacer algo cuando decidan hacerlo y no porque se sientan obligados a ello. En cuanto una persona escucha una exigencia, va a tomar una resolución que hará que sea mucho más difícil satisfacer las necesidades de todos.

«GUERRA DE TAREAS»

Por ejemplo, a mis hijos les asignábamos tareas domésticas diferentes. A Brett, mi hijo menor, que tenía doce años en aquel tiempo, le asignamos sacar la basura un par de veces a la semana. Esto implicaba algo tan sencillo como sacar la basura de debajo del fregadero y llevarla al jardín de la entrada, donde pasaría el camión a recogerla. Se podía hacer en cinco minutos. Pero cada vez que le tocaba sacar la basura iniciaba una batalla.

¿Cómo empezaba esto? Generalmente, bastaba con pronunciar su nombre. Cuando yo decía «Brett». Pero, por supuesto, mi tono de voz se podía interpretar como que ya estaba enfadado, porque ya lo estaba juzgando por no hacer lo que le tocaba. Y aunque gritaba su nombre lo bastante alto como para que me oyeran los vecinos de dos manzanas, ¿qué es lo que hacía para seguir la escalada bélica? Hacía ver que no me oía, aunque estaba en la habitación de al lado. Bien, ¿y yo que hacía? Me enfadaba y gritaba más. La segunda vez, le gritaba todavía más fuerte, para que no pudiera fingir que no me oía. ¿Y qué hacía él?

—¿Qué quieres? —me decía.

—No has sacado la basura —le respondía.

—Eres muy perspicaz.

—¡Sácala! —le decía.

—Más tarde —respondía.

—Eso es lo que dijiste la última vez, pero no lo hiciste.

—Eso no significa que no lo vaya a hacer esta vez —replicaba.

Mira toda la energía que se gasta en el sencillo acto de sacar la basura. Toda la tensión que creaba entre nosotros, todo porque en aquel tiempo yo tenía en mi cabeza que ese era su trabajo, que tenía que hacerlo, que era necesario para que aprendiera responsabilidad. Aunque él lo percibía como una exigencia.

La gente interpreta las peticiones como exigencias si cree que va a ser castigada o les van a hacer reproches si no hacen lo que les han dicho. Cuando alguien tiene esa idea, cualquier cosa que haga sintiéndose forzado lo hará sin alegría alguna.

Una noche, tuve una charla con Brett al respecto, en un momento en que ya estaba empezando a calentarme. Entonces, empecé a darme cuenta de que pensar que yo tenía razón y que mi función de padre era hacer que mis hijos se comportaran bien era destructivo. Así que una noche conversamos sobre la razón por la que no quería sacar la basura, y esta vez, yo estaba aprendiendo a escuchar mejor, a fijarme en los sentimientos y necesidades que se ocultaban detrás de su negativa a no hacer lo que se le pedía. Y me di cuenta claramente de que él necesitaba hacer las cosas porque elegía hacerlas, no porque estuviera obligado a ello.

Cuando fui consciente de eso, le dije:

—Brett, ¿cómo resolvemos esto? Soy consciente de que, en el pasado, te he exigido cosas, me refiero a que cuando no hacías lo que quería que hicieras, te juzgaba diciendo que no eras un miembro cooperativo de la familia. Entonces, ¿cómo ponemos fin a esta historia, cómo conseguimos llegar a un punto en que podamos ayudarnos mutuamente utilizando otro tipo de energía?

Y tuvo una idea que nos ayudó mucho.

—Papá, si no estoy seguro de si es una petición o una exigencia, ¿qué te parece que te pregunte si es una petición o una exigencia?

—Oye, me gusta la idea. Eso me obligará a pararme a reflexionar sobre si lo que te estoy diciendo realmente es: «Vale, verdaderamente me gustaría que hicieras esto. Satisfaría mi necesidad, pero si las tuyas están en conflicto, me gustaría saberlo, así que busquemos la forma de que se cubran las necesidades de todos».

Me gustó su propuesta de hacer una pausa para examinar qué tipo de suposición pasaba por mi cabeza. Y al día siguiente, antes de que fuera a la escuela, tuvimos tres oportunidades para probarlo. Porque esa mañana le pedí tres veces que hiciera algo, y todas ellas, me miró y me preguntó: «Papá, ¿es una petición o una exigencia?». Y cada vez reflexioné y me di cuenta de que seguía siendo una exigencia. Seguía pensando internamente que tenía que hacerlo, que era lo único razonable que podía hacer. Estaba preparado para ser cada vez más coercitivo si no lo hacía. Así que fue muy útil que me llamara la atención sobre ello. Cada vez que me detuve, conecté con mis necesidades, intenté escuchar las suyas y tuve que decirle: «Vale, gracias. Esto ayuda. Era una exigencia y ahora es una petición». Y él notó la diferencia en mí. Y cada una de esas tres veces, lo hizo sin cuestionarme.

Cuando la gente interpreta que lo que le pides es una exigencia, le parece que nuestra preocupación, respeto y amor son condicionales. Parece que solo nos vamos a preocupar de ella cuando hace lo que nosotros queremos.

AMOR INCONDICIONAL

Recuerdo una vez, hace años, cuando Brett tenía tres, que me pregunté si estaba transmitiendo a mis hijos la cualidad del amor incondicional. Dio la casualidad de que fue él quien se acercó a mí cuando estaba con estos pensamientos en la sala de estar.

—Brett, ¿por qué te quiere papá?

—Porque ahora hago pipí y caca en el váter —me respondió inmediatamente y mirándome.

Sentí mucha tristeza en ese momento, porque estaba muy claro. ¿Cómo podía cambiar él de forma de pensar? Qué distinta es mi respuesta a mis hijos cuando hacen lo que yo quiero que cuando no lo hacen.

—Bueno, me gusta que lo hagas, pero esa no es la razón por la que te quiero.

—Entonces, ¿es porque ya no tiro la comida por el suelo?

Se estaba refiriendo a un pequeño desacuerdo que habíamos tenido la noche anterior, en la que había tirado algo de comida por el suelo.

—Bueno, una vez más, me gusta que ya no la tires, pero esa no es la razón por la que te quiero.

—Bueno, ¿por qué me quieres, papá? —me dijo mirándome muy seriamente.

Y ahora yo me estaba preguntando: «¿Por qué me he enfrascado en una conversación metafísica sobre el amor incondicional con una persona de tres años? ¿Cómo le expresas esto a alguien de esta edad?».

—Bueno, te quiero porque eres tú —le solté.

Entonces, pensé inmediatamente: «Esto es bastante vago y trivial», pero lo entendió. Captó el mensaje. Pude verlo en su rostro.

Se le iluminó la cara y me miró.

—Oh, me quieres solo por ser yo, papá. Me amas porque soy yo.

Los dos días siguientes, parecía que cada diez minutos venía a mi lado y me tiraba de la manga, mirándome, y me decía: «Me quieres porque soy yo, papá. Me quieres por ser yo».

Comunicar esta cualidad de amor incondicional, respeto y aceptación a otras personas no significa que nos guste cómo actúan. No implica que seamos permisivos y que dejemos de lado nuestras necesidades o valores. Lo que hemos de hacer es mostrar esa misma cualidad de respeto, tanto si hacen lo que les pedimos como si no. Después de haber demostrado nuestro respeto a través de la empatía y de habernos tomado nuestro tiempo para entender por qué no han querido hacer lo que les hemos pedido, entonces, podemos ver cómo influir para que hagan voluntariamente lo que les pedimos. En algunos casos, cuando ciertas conductas amenazan gravemente nuestras necesidades o nuestra seguridad y no tenemos tiempo o carecemos de la habilidad para comunicarlo, puede que hasta tengamos que usar la fuerza. Pero el amor incondicional conlleva que no importa cómo se comporte la gente, esta sabe que recibirá cierta cantidad de comprensión por nuestra parte.

PREPARAR A NUESTROS HIJOS

Por supuesto, nuestros hijos, con frecuencia, se encontrarán en situaciones en las que no van a recibir aceptación, respeto y amor incondicionales. Van a ir a centros educativos, donde, tal vez, haya profesores que usen una forma de autoridad que se basa en otras maneras de pensar, concretamente que el amor y el respeto te lo has de ganar, que te mereces ser castigado o recibir reproches si no te comportas de la forma establecida. De modo que una de nuestras tareas como padres y madres es enseñar a nuestros hijos e hijas a ser humanos, incluso cuando están expuestos a otras personas que usan alguna forma de coerción.

Uno de mis días más felices como padre fue cuando mi hijo mayor fue a una escuela del barrio. Tenía doce años. Acababa de salir de un colegio donde yo colaboraba en enseñar a los profesores los principios de la comunicación no violenta, a partir de la cual las personas no hacían las cosas por temor a ser castigadas o recompensadas, sino porque veían cómo sus acciones contribuían a su propio bienestar y al de los demás, y en la que las cosas se evaluaban en función de las necesidades y peticiones, no de los juicios de valor. Así que ahora, después de seis años en ese tipo de centro educativo, le esperaba una experiencia muy distinta en la escuela de barrio, donde, siento decirlo, las cosas no funcionaban como a mí me hubiera gustado.

Antes de ir, había intentado explicarle un poco por qué los profesores de esta escuela, posiblemente, se comunicarían y comportarían de un modo distinto. Procuré enseñarle algunas artes para manejar esa situación en caso de que se produjera. El primer día, cuando volvió a casa, me encantó oír que había usado las tácticas que le había enseñado.

—¿Qué tal te ha ido en la nueva escuela, Rick?

—Ah, está bien, papá. Pero, tío, algunos de los profes...

Me di cuenta de que parecía afligido.

—¿Qué ha pasado?

—Papá, todavía estaba cruzando la puerta —en realidad estaba entrando— cuando se me acercó un profesor corriendo y gritándome: «Mira, mira, mira a esa niña».

El profesor estaba reaccionando al hecho de que, por aquel entonces, mi hijo llevaba el pelo largo hasta los hombros. Y este profesor, aparentemente, tenía una forma de pensar que creía que él, como figura de autoridad, sabía lo que era correcto, que había una forma correcta de llevar el pelo y que si las personas no hacían lo correcto, tenía que avergonzarlas, culpabilizarlas o castigarlas para que lo hicieran.

Me entristeció oír que mi hijo había tenido ese recibimiento en su primer día en la escuela nueva.

—¿Cómo te lo has tomado? —le pregunté.

—He recordado lo que me dijiste, eso de que cuando estés en un sitio así no les des nunca el poder para que te sometan o hacer que te rebeles.

Fue maravilloso que recordara un principio tan abstracto en aquel momento. Le dije que estaba contento de que lo hubiera recordado.

—¿Cómo has manejado la situación?

—También he hecho lo que me dijiste, papá, que cuando la gente me hable de esta manera, procure escuchar solo sus sentimientos y necesidades, que no me lo tome como algo personal. Que solo intente escuchar sus sentimientos y necesidades.

—Guau, me alegro de que pensaras en ello. ¿Qué fue lo que escuchaste?

—Era bastante evidente, papá. Escuché que estaba molesto y que quería que me cortara el pelo.

—Oh. ¿Cómo te sentiste tras recibir este mensaje de esta manera?

—Me sentí muy triste por él. Era calvo y creo que tenía algún trauma con el cabello.

EL JUEGO DEL «CAPITÁN»

He tenido una muy buena experiencia con mis hijos cuando tenían tres, cuatro, incluso siete años. En aquellos tiempos estaba escribiendo un libro para profesores sobre cómo crear armonía en las escuelas con los principios de la CNV, donde se respetaran los principios del respeto mutuo entre maestros y alumnos, para crear centros que fomentaran los valores de autonomía e interdependencia. Como parte de la investigación que estaba realizando para crear estas escuelas, quería aprender más sobre qué tipo de decisiones estábamos seguros que tomarían los niños y sobre cómo planteárselas para que pudieran desarrollar el arte de tomar decisiones en la vida.

En aquel tiempo, pensé que una buena forma de aprender mejor esto sería jugar con mis hijos a lo que bautizamos como el juego del «capitán». Cada día nombraba capitán a uno de ellos. Y cuando les tocaba el turno, dejaba que fuera el capitán el que tomara las decisiones que normalmente tomaría yo. Debía estar preparado para asumir cualquier decisión que tomaran. Como he dicho, mi propósito en este juego era aprender cómo toman decisiones los niños, a qué edad empiezan a tomar ciertas decisiones y cuáles no son fáciles para ellos.

Aquí veréis un ejemplo de cómo fue este juego y la gran experiencia de aprendizaje que supuso para mí. Una vez, me los llevé a recoger la ropa a la lavandería, y cuando estaba pagando, la dependienta empezó a darme tres caramelos para los niños. Enseguida vi una buena oportunidad para delegar la decisión en el capitán. Cuando la mujer me estaba dando los caramelos, le dije: «¿Podría darle los caramelos al capitán?».

Ella no sabía de qué estaba hablando, pero el capitán sí. Brett, a sus tres años, dio un paso al frente, estiró el brazo y la dependienta le puso los caramelos en la mano. Entonces le dije: «Capitán, ¿puedes decidir qué hacer con estos caramelos?».

Imaginad qué decisión tan difícil para un niño de esa edad. Con tres caramelos en su mano. Con una hermana y un hermano mirándolo. ¿Cómo decide? Tras una intensa reflexión, le dio uno a su hermano y uno a su hermana, y el otro para él.

Cuando le conté esta historia a un grupo de padres y madres, uno de ellos dijo:

—Vale, sí, pero es porque le has enseñado que estaba bien compartir.

—Ah, sé que esto no era así, porque una semana antes, se encontró en una situación muy similar y se comió los tres. ¿Adivinas qué pasó al día siguiente? Aprendió que si no nos ocupamos de las necesidades de los demás, jamás podrás satisfacer las propias. Aprendió rápidamente una lección de interdependencia. Me emocioné al ver la rapidez con la que los niños entendían esto cuando les tocaba tomar decisiones: que jamás podremos cuidar realmente de nosotros mismos si no mostramos la misma preocupación por las necesidades de los demás.

Como ya he dicho, no es fácil para los padres renunciar al concepto de castigo. Para muchos de ellos, la necesidad del castigo es un concepto profundamente arraigado. Y no se pueden imaginar qué otra cosa se puede hacer cuando los hijos se comportan de formas que pueden lastimarlos a ellos o a los demás. No pueden concebir más opciones aparte de la permisividad, sencillamente dejarles hacer, o usar algún tipo de castigo.

EL USO DE LA FUERZA

Me parece muy importante hacer entender a este tipo de padres el concepto del uso de la fuerza para proteger, y que vean la diferencia entre el uso de la fuerza para proteger y para castigar. ¿Cuándo puede que tengamos que usar algún tipo de fuerza con nuestros hijos?

Las condiciones que podrían requerir este tipo de fuerza serían cuando no hay tiempo para la comunicación y su conducta puede suponer un peligro para ellos mismos o para los demás. También puede deberse a que alguien no tiene ganas de hablar. Así que si las personas no quieren hablar o no tienen tiempo para hacerlo, y mientras tanto se comportan de manera que entran en conflicto con nuestras necesidades, como la de proteger a los demás, tal vez tengamos que usar la fuerza. Pero ahora hemos de ver la diferencia entre el uso de la fuerza protectora y la punitiva. Una de las formas en que difieren estas dos fuerzas es en el modo de pensar de la persona que las está empleando.

En el uso punitivo, la persona que la emplea ha hecho un juicio moralista sobre otro, que implica que su mala acción merece algún tipo de castigo. El otro merece sufrir por lo que ha hecho. Esta es la base del castigo. Surge de los conceptos de que el ser humano peca y es malo por naturaleza y el proceso correctivo es que haga penitencia. Tenemos que hacer que se dé cuenta de lo terrible que es por lo que ha hecho, y la forma en que le hacemos pasar una penitencia es utilizar algún tipo de castigo que le haga sufrir. En algunas ocasiones, puede ser un castigo físico, como azotes, o bien psicológico, como intentar que se odie a sí mismo haciéndole sentir culpable o avergonzándolo.

El pensamiento que hay detrás del uso de la fuerza para proteger es radicalmente distinto. No considera que la otra persona sea mala o merezca castigo. Nos centramos en nuestras necesidades. Somos conscientes de cuál de nuestras necesidades está en peligro, pero en ningún momento proyectamos maldad o equivocación al niño.

Esta forma de pensar es una diferencia muy significativa entre la fuerza con fines protectores y con fines punitivos. Y este pensamiento está muy relacionado con una segunda diferencia: la intención. En el uso punitivo, nuestra intención es causar dolor y sufrimiento a la otra persona, para que se arrepienta de lo que ha hecho. En el uso protector nuestra intención solo es proteger. Protegemos nuestras necesidades, y luego empleamos la comunicación necesaria para educar a esa persona. Pero, de momento, tal vez tengamos que emplear la fuerza para protegerla.

Un ejemplo sería cuando mis hijos eran pequeños y vivíamos en una calle con mucho tránsito: parecían fascinados por lo que pasaba enfrente, pero todavía no conocían los peligros de lo que te puede pasar si sales corriendo a la calle. Era evidente que si hubiera tenido tiempo para hablar lo suficiente con ellos se lo habría enseñado, pero mientras tanto, tenía miedo de que los atropellaran. Este es un caso de usar la fuerza para proteger: cuando no hay tiempo para hablar del tema, antes de que suceda algo grave. Así que lo que les dije fue: «Si os veo corriendo por la calle, os tendré que dejar en el patio trasero, donde no correréis el peligro de que os atropelle un coche». Al poco tiempo de haberles dicho esto, uno de ellos se olvidó y salió a correr a la calle. Lo pillé y lo llevé al jardín trasero y lo dejé allí. No fue un castigo: podía hacer muchas cosas allí, tenía columpios y un tobogán. No pretendía hacerle sufrir. Solo quería controlar el entorno para satisfacer mi necesidad de seguridad.

Ahora bien, hay muchos padres que dicen: «¿No es posible que el niño lo vea como un castigo?». Bueno, si en el pasado supuso un castigo, si el niño está muy acostumbrado a experimentar la fuerza como punitiva, entonces, sí, es posible que ese niño lo siga interpretando como un castigo. Sin embargo, lo más importante es que nosotros, como padres, seamos conscientes de la diferencia, y que si usamos la fuerza lo hagamos con la certeza de que es para proteger, no para castigar.

Una forma de recordar el propósito del uso protector de la fuerza es ver la diferencia entre controlar al niño y controlar el entorno. En el castigo, intentamos controlar a los niños y niñas inculcándoles el sentido de culpa por lo que han hecho, inyectándoles vergüenza, reproches o temor por sus actos. No obstante, cuando usamos la fuerza para proteger, nuestra intención no es controlar al niño, sino al entorno, para proteger nuestras necesidades hasta que llegue el momento en que podamos gozar de la cualidad de la comunicación, que en realidad necesitamos. Viene a ser como poner mosquiteras en las ventanas para evitar que nos piquen los mosquitos. Es un uso de la fuerza como protección. Controlamos el entorno para evitar que sucedan cosas que no queremos que pasen.

COMUNIDADES DE APOYO

La forma de crianza que estoy promoviendo es bastante diferente de la que emplea la mayoría. Va a ser difícil tener en cuenta opiniones distintas en un mundo donde predomina el castigo y donde es posible que te malinterpreten, si no empleas el escarmiento u otras formas coercitivas de conducta parental. Es muy útil formar parte de una comunidad de apoyo que te ayude a entender el concepto de crianza del que estoy hablando, una comunidad que te apoye para que sigas poniéndola en práctica en un mundo que no suele estar a favor de ese concepto.

Sé que siempre me ha sido mucho más fácil seguir fiel a mis ideas, cuando he recibido mucha empatía de una comunidad de apoyo: empatía por lo difícil que puede ser a veces ser padre o madre y lo fácil que es caer en los viejos patrones. Cuando he estado cerca de otros padres que intentaban conectar con sus hijos como lo intentaba yo, me ha ayudado mucho poder hablar con ellos, escuchar sus frustraciones y que ellos escucharan las mías. Y he observado que cuanto más me integraba en estas comunidades, mejor podía seguir el proceso con mis hijos, aun en circunstancias difíciles.

Una de las cosas gratificantes que me sucedieron —algo que me animó y enriqueció mucho— fue un mensaje que recibí de mi hija, cuando era muy pequeña. Fue un domingo por la mañana, el único día de la semana en que puedo relajarme, un momento muy valioso para mí. Ese domingo por la mañana en particular, me llamó una pareja para preguntarme si podía hacerles una sesión de asesoramiento. Tenían una crisis en su relación y querían que trabajara con ellos. Acepté sin haber reflexionado, sin haber conectado con mis necesidades, ni cómo me estaba afectando su intrusión en mi día de descanso. Mientras estaba en la sala de estar con ellos, sonó el timbre de la puerta y era la policía que traía a una jovencita que quería verme. También la había visitado anteriormente, y resulta que la habían encontrado en las vías del tren. Esa era su forma de hacerme saber que quería verme. Era demasiado tímida para llamar y pedir otra cita. Esta era su forma —sentarse en la vía del tren— de contarme que estaba afligida. Conocía los horarios de los trenes mejor que nadie en la ciudad, así que sabía que la policía la sacaría de allí antes de que llegara el tren.

La policía se marchó y yo tenía a esta joven en la cocina llorando y a la pareja en la sala de estar. Iba de un lado a otro intentando asesorar afectuosamente a ambos. Mientras iba de una habitación a otra mirando el reloj, con la esperanza de que, al final, todavía me quedaría algo de tiempo para mí, mis tres hijos empezaron a pelearse en la segunda planta. Así que subí corriendo la escalera y descubrí algo fascinante. Puede que algún día escriba un artículo científico sobre esto: el efecto altitud en la conducta maníaca. Porque abajo, yo era una persona adorable, les estaba dando amor a la pareja y a la joven de la cocina, pero un piso más arriba me había convertido en un maníaco. «¿Y a vosotros qué os pasa? ¿No os dais cuenta de que abajo hay personas que están sufriendo? ¡Marchaos a vuestras habitaciones!», les dije. Y cada uno se fue a su habitación y dio un portazo con la fuerza necesaria como para que yo no pudiera estar seguro de que era un portazo. Con el primer portazo, me enfadé. Con el segundo, me enfadé todavía más. Pero, afortunadamente, el tercero, no sé por qué, me ayudó a ver la parte cómica de la situación. Qué fácil me resultaba ser agradable con las personas que estaban abajo, pero con qué rapidez podía convertirme en un monstruo con mi familia en la segunda planta.

Respiré profundo y me fui a la habitación de mi hijo mayor. Le pedí disculpas por haberlo utilizado para descargar algunos sentimientos con él, sentimientos que me temo que en realidad tenía hacia las personas que estaban abajo. Lo entendió y solo me dijo: «Está bien, papá. No pasa nada». Me fui a la habitación de mi hijo menor y obtuve una respuesta bastante similar. Cuando fui a la habitación de mi hija y le dije que sentía la forma en que le había hablado, se acercó a mí, puso su cabeza en mi hombro y me dijo: «Vale, papá. Nadie es perfecto».

Qué maravilloso mensaje. Sí, mis hijos apreciaban mis esfuerzos de intentar relacionarme con ellos con amabilidad, compasión y empatía. Pero qué tranquilizador es que puedan comprender mi humanidad y qué difícil es a veces.

Para terminar, os ofrezco esa reflexión reconfortante que me dio mi hija: nadie es perfecto. Recordad que cualquier cosa que valga la pena, vale la pena hacerla aunque sea mal. Y el trabajo de ser padre o madre, por supuesto, es algo que vale la pena hacerlo sin lugar a duda, pero habrá veces que lo haremos mal. Si vamos a ser despiadados con nosotros mismos cuando no somos padres perfectos, nuestros hijos sufrirán por ello.

Muchas veces les digo a los padres con los que estoy trabajando que el infierno es tener hijos y creer que existe eso de ser buen padre o madre. Si cada vez que no rozamos la perfección vamos a culparnos y a atacarnos, nuestros hijos no se beneficiarán de ello. Así que la meta que les sugiero no es la de ser buenos padres, sino ir siendo progresivamente menos estúpidos, aprendiendo de cada vez que no somos capaces de dar a nuestros hijos la cualidad de la comprensión que necesitan, que no somos capaces de expresar con sinceridad. Por experiencia propia, esto suele traducirse en que cada una de estas veces no recibimos el apoyo emocional que necesitamos como padres, para poder dar a nuestros hijos el que ellos necesitan.

Solo podemos dar con cariño en el mismo grado en que recibimos amor y comprensión. Esta es la razón por la que recomiendo encarecidamente que estemos atentos a cómo vamos a crear una comunidad que nos sirva de apoyo, entre nuestros amigos y otras personas, a fin de que puedan darnos la comprensión que necesitamos para que podamos estar presentes con nuestros hijos, de un modo enriquecedor para ambos.

Espero que algo de lo que he dicho aquí os ayude a convertiros en los padres que os gustaría ser.

6

ESPIRITUALIDAD PRÁCTICA

Reflexiones sobre la esencia espiritual
de la comunicación no violenta

Siempre que hablo de mis creencias más profundamente arraigadas –espiritualidad, conceptos de Dios, visión del amor– afloran dos temas: 1) la mayor dicha surge de conectar con la vida contribuyendo a nuestro bienestar y al de los demás, y 2) la espiritualidad y el amor se basan más en lo que hacemos que en lo que sentimos.

La gente suele preguntarme cómo he llegado a estas conclusiones, cómo me relaciono con las creencias de los demás y qué significa mi visión para la práctica de la CNV. Lo que viene a continuación son extractos de mis respuestas verbales no escritas a preguntas de las entrevistas que me han realizado los medios de comunicación y los participantes de mis talleres sobre el tema de la espiritualidad, el concepto de lo divino, la esencia espiritual de la CNV y cómo aplicar los valores de este tipo de comunicación al cambio social.

P: **¿CÓMO CONECTAMOS CON LO DIVINO A TRAVÉS DE LA COMUNICACIÓN NO VIOLENTA?**

R: Creo que es importante que las personas contemplen la espiritualidad subyacente de la CNV y que aprendan la mecánica de su proceso teniéndola presente. En realidad, lo que estoy intentando enseñar es una práctica espiritual como forma de vida. Aunque no hacemos hincapié en esto, a la gente le seduce esta práctica. Aunque aprendan la CNV como una técnica mecánica, empiezan a experimentar cosas entre ellos y otras personas que no habían podido sentir hasta ahora. Así que, al final, conectan con el aspecto espiritual del proceso. Comienzan a darse cuenta de que es más que un proceso de comunicación y que en realidad se trata de intentar manifestar nuestra espiritualidad. He procurado integrar la espiritualidad en la práctica de la CNV, de manera que satisfaga mi necesidad de no destruir su belleza a través de la filosofía abstracta.

El mundo en el que me gustaría vivir necesitará algunos cambios sociales bastante significativos, pero esos cambios, probablemente, no tendrán lugar, a menos que quienes se dirigen hacia ellos se desvinculen del tipo de espiritualidad que nos ha conducido a la situación en la que nos encontramos ahora. Nuestra formación está diseñada para ayudar a las personas a cerciorarse de que la espiritualidad por la que se guían es la que ellas han elegido, no la que les ha inculcado su cultura, y que proceden a crear el cambio social basándose en ella.

P: ¿QUÉ SIGNIFICA «DIOS» PARA TI?

R: Necesito pensar en Dios de una forma que se adapte a mí, es decir, con otras palabras o modos de contemplar esta belleza, esta poderosa energía. Por eso el nombre que le doy es *Amada Energía Divina*. Durante un tiempo, fue solo *Energía Divina*. Pero también he estudiado algo sobre religiones y poetas orientales, y me fascina su conexión amorosa personal con esta energía. Descubrí que añadir «amada» a Energía Divina aportaba más a mi vida. Para mí esta Amada Energía Divina es vida, conexión con la vida.

P: ¿CUÁL ES TU FORMA FAVORITA DE CONOCER LA AMADA ENERGÍA DIVINA?

R: La forma en que conecto con los seres humanos. Conozco la Amada Energía Divina al conectar con los seres humanos de cierta forma. No solo veo la Energía Divina, sino que la saboreo, la siento y me convierto en ella. Cuando conecto con las personas de este modo estoy conectado con la Amada Energía Divina. Entonces Dios está vivo en mí.

P: ¿QUÉ CREENCIAS, ENSEÑANZAS O ESCRITOS RELIGIOSOS TE HAN INFLUIDO MÁS?

R: No es fácil decir cuáles de las distintas religiones del planeta me han influido más. Probablemente, el budismo me ha influido tanto como cualquier otra. Me encantan algunas cosas que dijo el Buda o las personas que lo citaron. Por ejemplo, el Buda dejó muy claro que no debías volverte adicto a tus estrategias, tus peticiones o tus deseos. Este es un aspecto muy importante de nuestra formación: no mezclar las necesidades humanas con la manera en que nos han enseñado a satisfacerlas. Así que procura no mezclar tus estrategias con tus necesidades. Por ejemplo, aunque no necesiten un coche nuevo, algunas personas pueden elegir comprárselo como estrategia para satisfacer una necesidad de confianza o paz mental, pero hemos de estar atentos, porque la sociedad puede inducirnos a pensar que realmente necesitan ese coche nuevo. Esta parte de nuestra formación está muy en armonía con mi comprensión del Buda.

Casi todas las religiones y mitologías que he estudiado transmiten un mensaje similar, el que el mitólogo Joseph Campbell resumió en su trabajo: *no hagas nada que no sea un juego.* Y lo que quería decir con *juego* es contribuir gustosamente a la vida. Así que no hagas nada por miedo al castigo, la vergüenza y los conceptos perversos del deber y la obligación. Lo que hagas será un juego cuando veas que enriqueces la vida. Este es el mensaje que capto, no solo del Buda, sino de lo que he aprendido del islamismo, cristianismo y judaísmo. Creo que es un lenguaje natural. Haz lo que aporte algo a la vida.

P: ¿NO PROMUEVE PASIVIDAD LA INFLUENCIA DE LA RELIGIÓN O LA ESPIRITUALIDAD, ES DECIR, UN EFECTO DE «OPIÁCEO DE MASAS»?

R: Me preocupa cualquier tipo de espiritualidad que nos permita sentarnos cómodamente ante el mundo y decir: «Pero estoy ayudando al mundo. La energía que proyecto va a crear el cambio social». Yo creo en una espiritualidad que ayuda a avanzar a las personas y a transformar el mundo, no en la que se limita a contentarse con esa bella imagen de irradiar energía. Quiero ver esa energía reflejada en las acciones de las personas cuando salen a la calle y hacen que las cosas sucedan. Es algo que se hace, es una espiritualidad práctica.

P: ENTONCES, ¿LA COMUNICACIÓN NO VIOLENTA TIENE EN PARTE UN ORIGEN ESPIRITUAL?

R: La CNV evolucionó de mi intento de ser consciente de la Amada Energía Divina y de cómo conectar con ella. No estaba satisfecho con los resultados que obtenía en mi campo de la psicología clínica, porque se basaba y se basa en la enfermedad y no me gustaba su lenguaje. No me permitía ver la belleza de los seres humanos. Así que después de haber conseguido mi título, decidí decantarme más por la línea de Carl Rogers y Abraham Maslow. Decidí hacerme preguntas incómodas: «¿Qué somos y qué hemos venido a ser?», y me di cuenta de que había muy poco escrito sobre ello en psicología. Así que decidí asistir a un curso intensivo de religión comparada, porque vi que trataba más sobre el tema en cuestión. También me di cuenta de que la palabra *amor* aparecía en todas ellas.

Solía oír la palabra *amor* como la utilizaba mucha gente, en un sentido religioso, como: «Has de amar a todo el mundo». Recuerdo que me molestaba bastante dicha palabra. «Ah, sí, ¿se supone que he de amar a Hitler?». Por aquel entonces, no conocía la expresión *chorradas de la Nueva Era*, pero utilizaba mi equivalente. Intentaba entender mejor qué significaba el amor, porque veía que tenía mucho sentido para millones de personas de todas las religiones. ¿Qué es este «amor» y cómo lo «manifiestas»?

La comunicación no violenta es producto de mi intención de entender el concepto del amor y de cómo manifestarlo, cómo hacerlo. Llegué a la conclusión de que no era solo algo que sentimos, sino que se manifiesta, que hacemos, que tenemos. ¿Y cómo se manifiesta? Se manifiesta cuando nos entregamos a los demás de alguna manera.

P: ¿A QUÉ TE REFIERES CON «DAR DE NOSOTROS MISMOS»?

R: Para mí, dar de nosotros mismos es una expresión sincera de lo que está vivo en nosotros en este momento. Me intriga que en todas las culturas, la gente se pregunte después de saludarse: «¿Cómo estás?». En ingles se dice: «*How are you?*». En castellano: «¿Cómo estás?». En francés: «*Comment allez-vous?*». En alemán: «*Wie geht es Dir?*». Lo preguntamos como un ritual social, pero es una pregunta muy importante, porque si queremos vivir en paz y en armonía, si queremos contribuir a nuestro mutuo bienestar, hemos de saber qué está vivo en nosotros y en los demás. Es una pregunta muy importante. Es un regalo poder conocer lo que está vivo en una persona en un momento dado.

Entregarse a uno mismo es una manifestación de amor. Es un regalo cuando nos mostramos desnudos y con sinceridad, sin más motivo que revelar lo que está vivo en nosotros. No para culpar, criticar o castigar. Tan solo por decir: «Aquí estoy y esto es lo que me gustaría». Esta es mi vulnerabilidad en este momento. Para mí esta es una forma de manifestar el amor.

La otra forma de entregarnos es la actitud con la que recibimos el mensaje de la otra persona, con empatía, conectando con lo que está vivo en su interior, sin criticar. Solo escuchar lo que está vivo en la otra persona y lo que ella desea.

De modo que la comunicación no violenta no es más que una manifestación de lo que yo entiendo como amor. En cierto modo se parece a los conceptos judeocristianos de «ama al prójimo como a ti mismo» y «no juzgues si no quieres ser juzgado».

P: ¿LA COMUNICACIÓN NO VIOLENTA SURGIÓ DE TU DESEO DE MANIFESTAR AMOR?

R: También contribuyó la investigación empírica en psicología, que me ayudó a definir las características de las relaciones sanas y a estudiar a quienes experimentaban las manifestaciones amorosas de personas afectuosas. Con estas fuentes, confeccioné un proceso que me ayudó a conectar con la gente de una manera que, a mi entender, es afectuosa.

Entonces, vi lo que sucedía cuando conectaba con las personas de esta manera. Esta belleza, este poder conectaba conmigo con una energía que opté por llamar Amada Energía Divina. La CNV me ayuda a permanecer conectado conmigo mismo y a conectar con ella en los demás. Y cuando conecto con esa Energía Divina en mi interior y en los demás, lo que sucede es la experiencia más cercana que conozco de lo que es estar conectado con Dios.

Me ayuda a recordar que uno de los propósitos fundamentales de la comunicación no violenta es conectar con otras personas (y por ende, con la Energía Divina), de un modo que propicie el dar compasivamente. Es una entrega que surge del corazón, en la que nos damos servicio a nosotros mismos y a los demás, no por deber u obligación, ni por miedo al castigo o por la esperanza de recibir una recompensa, ni por sentimiento de culpa o vergüenza, sino por lo que yo considero que es nuestra naturaleza: disfrutar dándonos mutuamente. En la CNV nuestra meta es conectar mutuamente de manera que pueda manifestarse nuestra naturaleza.

Cuando digo que dar es innato en el ser humano, algunas personas puede que piensen que soy un poco inocente y que no soy consciente de toda la violencia que hay en el mundo. ¿Cómo puedo pensar que disfrutamos dando compasivamente con toda la que está cayendo? Por desgracia, conozco la violencia. Trabajo en países como Ruanda, Israel, Palestina y Sri Lanka, y soy muy consciente de ella. Pero no creo que sea nuestra naturaleza.

En todos los lugares en que trabajo, pido a las personas: «Pensad en algo que hayáis hecho en las últimas veinticuatro horas que haya contribuido de alguna manera a mejorar la vida de alguien». Y cuando recuerdan algo, les digo: «Bien, ¿cómo os sentís cuando sois conscientes de que vuestro acto ha contribuido a mejorar la vida de otro?». Y todo el mundo sonríe. Cuando somos conscientes del poder que tenemos para enriquecer la vida, nos sentimos bien: es agradable servir a la vida.

Y luego les pregunto: «¿Puede decirme alguien algo que sea más satisfactorio en la vida que usar nuestras energías para este fin?». Y he hecho esta pregunta por todo el mundo y parece que hay acuerdo general. No hay nada mejor, nada nos hace sentirnos mejor, nada es más agradable que poner nuestra energía al servicio de la vida, contribuir a nuestro mutuo bienestar.

P: ¿CÓMO EVITAS QUE EL EGO INTERFIERA EN TU CONEXIÓN CON DIOS?

R: Contemplando el ego como algo íntimamente relacionado con la forma en que mi cultura me ha enseñado a pensar y a comunicarme. Y observando la forma en que mi cultura me ha enseñado a satisfacer mis necesidades, a mezclarlas con las estrategias que uso para satisfacerlas. Así que procuro ser muy consciente de las tres formas en que mi cultura me ha programado para hacer cosas que no son lo mejor para mí, es decir, a actuar más desde el ego que desde mi conexión con la Energía Divina. He intentado buscar alternativas para ser más consciente de esta forma de pensar aprendida culturalmente y las he incorporado en la comunicación no violenta.

P: ENTONCES, ¿CREES QUE EL LENGUAJE QUE USAMOS EN NUESTRA CULTURA IMPIDE QUE CONOZCAMOS MEJOR NUESTRA ENERGÍA DIVINA?

R: Oh, sí, sin duda alguna. Creo que nuestro lenguaje lo dificulta mucho, especialmente el que la mayoría de nosotros hemos recibido de nuestra cultura y las asociaciones que trae consigo la palabra *Dios* para mucha gente. En todos los años que llevo enseñando la CNV, he observado que los juicios de valor o el pensamiento de «esto es correcto/incorrecto» es una de las cosas más difíciles de superar. Todas las personas con las que trabajo han estado en escuelas e iglesias, y si les gusta la CNV es muy fácil que digan que esta es la «forma correcta» de comunicarse. Es muy fácil que piensen que la CNV es la meta.

He cambiado un poco una parábola budista que hace referencia a este tema. Imagina un bellísimo lugar sagrado. Imagina que realmente puedes conocer a Dios en ese lugar. Pero supongamos que hay un río en medio, y que te gustaría llegar a ese lugar, pero has de cruzar el río. Así que utilizas una barca, que es muy práctica para cruzar el río. Una vez que lo has cruzado, puedes ir a pie el resto del camino hasta llegar a ese hermoso lugar. Pero la parábola budista termina diciendo: «Es un necio el que continúa el camino hasta el lugar sagrado acarreando la barca a sus espaldas».

La comunicación no violenta es una herramienta que me ayuda a cruzar mis condicionamientos culturales para que pueda conseguir mi meta. La CNV no es el lugar. Si nos volvemos adictos a la barca, si nos aferramos a ella, nos cuesta más llegar a nuestro destino. Las personas que solo aprenden el proceso de la CNV, a veces, se olvidan del destino. Si se aferran demasiado a la barca, el proceso se vuelve mecánico.

La comunicación no violenta es una de las herramientas más poderosas que he descubierto para conectar con los demás, de un modo que también nos permita conectar con lo Divino, donde nuestro acercamiento se produzca gracias a la Energía Divina. Ese es el lugar al que quiero ir.

P: **¿ES ESTA LA ESENCIA ESPIRITUAL DE LA COMUNICACIÓN NO VIOLENTA?**

R: Para mí su esencia espiritual es el hecho de que intento conectar con la Energía Divina de los demás y, a la vez, conectar a los demás con lo Divino que hay en mí, porque creo que cuando estamos verdaderamente conectados con esa divinidad que todos compartimos, podemos disfrutar de contribuir a nuestro mutuo bienestar más que de ninguna otra cosa. De modo que, según mi experiencia, si estamos conectados con lo Divino en nosotros mismos y en los demás, disfrutaremos de todo lo que sucede, ese es el aspecto espiritual. En este lugar, la violencia es imposible.

P: **¿ES LA FALTA DE CONEXIÓN CON LA ENERGÍA DIVINA RESPONSABLE DE LA VIOLENCIA EN EL MUNDO?**

R: Yo lo diría de este modo: creo que hemos recibido el don de la elección para crear el mundo que queremos. Y hemos recibido este mundo grande y abundante para crear un mundo alegre y enriquecedor. Pienso que la violencia se produce cuando nos alienamos o desconectamos de la Energía Divina.

¿Cómo podemos conectar cuando nos han educado en la desconexión? Creo que lo que nos aleja de Dios son nuestros condicionamientos culturales y nuestra educación, especialmente nuestra educación *sobre* Dios. Y creo que esa *violencia se debe a la forma en que hemos sido educados, no a nuestra naturaleza.* Según el teólogo Walter Wink, hace unos ocho mil años que se nos educa en el placer de la violencia, lo cual nos desconecta de nuestra naturaleza compasiva.

¿Y por qué hemos sido educados de esta forma? Es una larga historia en la que no voy a entrar, solo diré que empezó con mitos sobre la naturaleza humana que comenzaron a desarrollarse hace mucho, mitos que decían que los humanos eran malos y egoístas por naturaleza, y que la vía del bien consistía en que las fuerzas heroicas aplastaran a las del mal. Wink escribió que las culturas de dominación usan ciertas enseñanzas sobre Dios para mantener la opresión. Esta es la razón por la que tantas veces reyes y sacerdotes han estado tan unidos. Los reyes necesitaban a los sacerdotes para justificar la opresión, para que interpretaran los textos sagrados de manera que justificara el castigo, la dominación, etcétera.

Hemos vivido bajo la influencia de una mitología destructiva durante mucho tiempo, y dicha mitología necesita un lenguaje propio. Necesita un lenguaje que deshumanice a las personas, que las convierta en objetos. Hemos aprendido a pensar de acuerdo con juicios moralistas respecto a nuestros congéneres. En nuestra conciencia hay palabras como *correcto*, *incorrecto*, *bien*, *mal*, *egoísta*, *altruista*, *terroristas* o *guerreros por la libertad*. Y este concepto de justicia está relacionado con el de *merecimiento*: si haces una de estas cosas malas, te mereces un castigo. Si haces las cosas buenas, te mereces una recompensa.

Por desgracia, durante casi ocho mil años hemos estado sometidos a esos conceptos. Creo que este es el origen de la violencia en nuestro planeta: la educación deficiente. El proceso de la CNV es la integración del pensamiento, del lenguaje y la comunicación que creo que nos acerca a nuestra naturaleza. Nos ayuda a conectar los unos con los otros, para que podamos volver a vivir divirtiéndonos, que es una forma de contribuir al bienestar general.

P: **¿CÓMO SUPERAMOS ESTOS CONDICIONAMIENTOS?**

R: Suelo estar entre personas que sufren mucho. Recuerdo una vez que trabajé con veinte serbios y veinte croatas. A algunos de los presentes el otro bando les había asesinado a sus familias, y durante generaciones, a todos les habían inoculado veneno en contra del otro. Estuvieron tres días expresando su rabia y su dolor. Afortunadamente, teníamos siete.

Una palabra que todavía no he usado sobre el poder de la CNV es *inevitabilidad.* Muchas veces he visto que no importa lo que haya pasado, si las personas conectan de algún modo, es inevitable que terminen disfrutando dándose mutuamente. Es *inevitable*. Para mí, mi trabajo es como ver un espectáculo de magia. Demasiado bonito para expresarlo en palabras.

Pero, a veces, esta Energía Divina no actúa con la rapidez que nos gustaría. Recuerdo que estaba sentado en medio de toda su rabia y sufrimiento pensando: «Energía Divina, si puedes sanar todo esto, ¿por qué tardas tanto? ¿Por qué estás haciendo pasar a esta gente por todo esto?». Y la Energía me habló y me dijo: «Tú haz lo que puedas para conectar. Aporta tu energía. Conecta y ayuda a las otras personas a conectar, yo me encargaré del resto». Pero aunque estuviera pasando esto en una parte de mi cerebro, sabía que la alegría sería inevitable si conseguíamos seguir conectados con nuestra propia Energía Divina.

Y sucedió. Sucedió con gran belleza. El último día, todos hablaban de la felicidad. Y muchos de ellos dijeron: «Pensaba que nunca más volvería a ser feliz, después de todo lo que hemos pasado». Todos decían lo mismo. Esa noche, los veinte serbios y los veinte croatas, que siete días antes solo sentían un dolor inimaginable respecto al otro bando, bailaron los bailes típicos de ambos países, cantaron canciones serbias y croatas y celebraron juntos la alegría de vivir.

P: **¿CONSEGUIMOS CONECTAR LOS UNOS CON LOS OTROS CONOCIENDO A DIOS?**

R: Quiero mantenerme al margen de la racionalización de Dios. Si por «conocer a Dios» nos estamos refiriendo a esta conexión íntima con la Amada Energía Divina, cada segundo que vivimos es una experiencia celestial. El cielo que gano por conocer a Dios es la inevitabilidad de la que estoy hablando, es inevitable: que pase lo que pase, si logramos esta conexión mutua, si ambas partes conectamos con la Energía Divina del otro, será inevitable que disfrutemos dando, y de este modo, también devolveremos a la vida. He estado en situaciones tan comprometidas con la gente que ya no me preocupo de ellas. Es inevitable. Si logramos conectar de ese modo, nos gustará el lugar a donde nos lleve.

Me sorprende su eficacia. Podría contaros ejemplos parecidos entre extremistas israelíes, políticos y religiosos, y palestinos; entre los hutus y tutsis, y entre las tribus cristianas y musulmanas de Nigeria. Con todos ellos me ha parecido increíble lo fácil que ha sido la reconciliación y la sanación.

Una vez más, lo que hemos de hacer es que ambas partes estén conectadas con las necesidades de la otra persona. En mi opinión las necesidades son la forma más rápida y cercana de conectar con la Energía Divina. Todos tenemos las mismas necesidades. Las necesidades que surgen del hecho de estar vivos.

P: **¿CÓMO LOGRAMOS CONECTAR CON NUESTRA ENERGÍA DIVINA Y CON LA DE LOS DEMÁS?**

R: Hay dos elementos básicos en este proceso. El primero es aprender a expresarnos en un lenguaje de vida. El segundo es la forma en que respondemos a los mensajes de los demás. En la comunicación no violenta, procuramos centrar nuestra atención en responder a dos preguntas principales: «¿Qué está vivo en nosotros?» y «¿Qué podemos hacer para mejorar aún más la vida?». La primera pregunta —«¿Qué está vivo en mí, qué está vivo en ti?»— es la pregunta que hace la gente en todo el mundo cuando se reúne: «¿Cómo estás?».

Por desgracia, aunque la mayor parte de la gente hace esta pregunta, muy pocas personas saben cómo responder a ella, porque no hemos sido educados en un lenguaje de vida. No se nos ha enseñado a responder a la pregunta. Respondemos, es cierto, pero no sabemos cómo hacerlo. La CNV, como veremos, sugiere cómo podemos hacer saber a la gente lo que está vivo en nosotros. Nos ayuda a conectar con lo que está vivo en otras personas, aunque ni siquiera tengan el vocabulario para expresarlo.

P: ¿CÓMO EXPRESAMOS LO QUE ESTÁ VIVO EN NOSOTROS?

R: Para expresar lo que está vivo en nosotros hace falta educación en tres niveles. El primer nivel es ser capaces de responder a la pregunta «¿qué está vivo en ti?», sin mezclarla con ninguna evaluación. Eso es lo que llamo *observación*. ¿Qué hacen las personas que nos gusta o no nos gusta? Es una información importante que queremos comunicar. Para explicar a los demás lo que está vivo en nosotros, hemos de decirles qué están haciendo que favorece la vida en nosotros *y* qué están haciendo que no la favorece. Pero es muy importante aprender a decirlo sin que interfiera ninguna evaluación. Este es el primer paso en intentar decir a los demás lo que está vivo en nosotros: ser capaces de llamar su atención —concreta y específicamente— sobre lo que esa persona está haciendo que nos agrada o nos desagrada, sin mezclarlo con ninguna evaluación.

Si queremos usar la comunicación no violenta, teniendo presente lo que hace esta persona, hemos de ser sinceros con ella. Pero es una sinceridad diferente a la de decirle a la gente lo que creemos que está mal, una sinceridad del corazón, no una que implique reproche. Hemos de profundizar y contarle a esa persona qué está vivo en nosotros cuando ella hace esto. Y esto implica las otras dos formas de educación: educación en los sentimientos y en la necesidad. *Para decir con claridad lo que está vivo en nosotros en un momento dado, hemos de ser claros respecto a lo que sentimos y necesitamos.* Empecemos por los sentimientos.

Tenemos *sentimientos* constantemente. El problema es que no hemos aprendido a ser conscientes de lo que está vivo en nosotros. Nos han enseñado a dirigir nuestra conciencia hacia fuera, para que sea una autoridad externa la que nos diga lo que cree que somos. Podemos expresar nuestros sentimientos de distintas formas, eso dependerá de la cultura en la que nos hayamos educado, pero es importante tener un vocabulario de sentimientos que describa lo que está vivo en nosotros sin que incluya las interpretaciones de los demás. No nos interesa usar palabras como *malentendido*, porque eso no es realmente un sentimiento, sino más bien nuestro análisis de si la otra persona nos ha entendido. Si pensamos que alguien nos ha malinterpretado, tal vez nos enfademos o nos frustremos, pueden pasar muchas cosas. Asimismo, tampoco nos interesa usar palabras como *manipulado* o *criticado*. En nuestra formación no los consideramos sentimientos. Por desgracia, hay muy pocas personas que cuenten con un vocabulario de sentimientos, y en mi trabajo veo muy a menudo la repercusión que tiene esto.

¿Es realmente una expresión de lo que está vivo en ti, de tus sentimientos? Asegúrate de que no se trata de un diagnóstico ajeno. Observa tu corazón. ¿Cómo te sientes cuando los demás hacen lo que hacen?

Nota del editor: Para un vocabulario completo sobre sentimientos y necesidades, véase Comunicación no violenta: un lenguaje de vida, *de Marshall B. Rosenberg.*

P: **¿ESTÁS SUGIRIENDO QUE BASTA CON DECIRLE A LA GENTE CÓMO TE SIENTES?**

R: No, los sentimientos se pueden usar de manera destructiva si intentamos sugerir que su conducta es la causa de nuestros sentimientos. *La causa de nuestros sentimientos son nuestras necesidades, no la conducta de los demás.* Y este es el tercer componente de expresar lo que está vivo en nosotros: *las necesidades.* Conectar con lo que está vivo en nosotros equivale a conectar con nuestra Energía Divina.

Cuando tenía seis años, solíamos decir esto cuando alguien nos insultaba: «Los palos y las piedras pueden romper mis huesos, pero los insultos nunca me herirán». Entonces, éramos conscientes de que *no es lo que hacen los demás lo que puede herirnos, sino cómo te lo tomas.* Pero las figuras de autoridad, los profesores y los padres nos han educado en la inducción a la culpa, la han utilizado para obligarnos a hacer lo que ellos querían. Expresaban sus sentimientos de esta manera: «Me duele cuando no limpias tu habitación» o «Me haces enfadar cuando veo que le pegas a tu hermano». Nos han educado personas que han intentado hacernos sentir responsables de sus sentimientos, para que nos sintiéramos culpables. Los sentimientos son importantes, pero no queremos que los utilicen de este modo. No queremos usarlos de forma que induzcan al sentimiento de culpa. Es muy importante que cuando expresemos nuestros sentimientos, lo hagamos seguidos de una afirmación que aclare que *la causa de nuestros sentimientos son nuestras necesidades.*

P: **¿QUÉ NOS IMPIDE DECIR LO QUE NECESITAMOS?**

R: Del mismo modo que para muchos es difícil desarrollar una cultura de los sentimientos, también lo es desarrollar la cultura de la necesidad. De hecho, muchas personas hacen asociaciones muy negativas con las necesidades. Las asocian con ser caprichoso, dependiente y egoísta (repito que creo que esto se debe a nuestra tradición de educarlas en estructuras de dominación, para que sean obedientes y sumisas ante la autoridad). Las personas no son buenas esclavas cuando están en contacto con sus necesidades. He ido a distintas escuelas durante veintiún años y no recuerdo que nadie me preguntara jamás cuáles eran mis necesidades. Y en mi educación, nunca tuvo nadie en cuenta ayudarme a estar más vivo, más en contacto conmigo mismo y con los demás. Me enseñaron a recompensarme por decir las respuestas correctas, según la definición de las figuras de autoridad. Observa qué palabras estás utilizando para describir tus necesidades. Las necesidades no contienen ninguna referencia específica a personas que hacen algo específico. Las necesidades son universales. Todos los seres humanos tenemos las mismas necesidades.

Cuando nos conectamos en el nivel de la necesidad, cuando vemos la humanidad en el otro, es increíble cómo se resuelven problemas para los que antes no veíamos salida. Trabajo mucho con gente que tiene conflictos: matrimonios, padres e hijos, tribus... La mayoría de ellos piensan que su conflicto no tiene solución. En todos mis años de profesión resolviendo conflictos y enseñando a meditar, he visto lo que sucede cuando puedes ayudar a las personas a que trasciendan los diagnósticos que hacen sobre los demás y conecten en el plano de la necesidad para descubrir lo que les está sucediendo internamente; entonces, conflictos que parece que no tengan solución casi se resuelven solos.

P: **¿QUÉ VIENE A CONTINUACIÓN DE LOS SENTIMIENTOS Y LAS NECESIDADES?**

R: Hemos expresado las tres partes de información que necesitamos para responder a la pregunta: «¿Qué está vivo en nosotros?». Hemos expresado lo que estamos observando, lo que estamos sintiendo y las necesidades que están conectadas con nuestros sentimientos.

Esto nos lleva a la *segunda pregunta*, que está relacionada con la primera: «¿Qué podemos hacer para que la vida sea más maravillosa?». ¿Qué puedes hacer para que mi vida sea más maravillosa? ¿Qué puedo hacer para que tu vida sea más maravillosa? Esta es la otra mitad para conectar con la Energía Divina en nosotros: cómo crear una conexión empática con lo que está vivo en la otra persona para hacer que su vida sea mejor.

Voy a explicar a qué me refiero con lo de conexión empática. La empatía es una forma especial de comprensión. No es una comprensión desde la cabeza, donde nos limitamos a entender mentalmente lo que dice la otra persona. Es algo más profundo y valioso que eso. La conexión empática implica comprender desde el corazón, donde podemos ver la belleza de la otra persona, su Energía Divina, la vida que está viva en ella. Conectamos con ella. No la entendemos mentalmente, pero conectamos con ella.

No significa que tengamos que compartir los sentimientos de esa persona. Eso es lástima, es sentir tristeza porque está disgustada. No implica que hayamos de tener los mismos sentimientos, significa que estamos *con* la otra persona.

La cualidad de la comprensión conlleva uno de los regalos más valiosos que un ser humano puede hacer a otro: nuestra presencia en el momento presente. Si estamos intentando comprender mentalmente a una persona, no estamos presentes con ella en ese momento. Estamos analizándola, pero no con ella. La conexión empática implica *conectar con lo que está vivo en la otra persona en este momento*.

P: ¿QUÉ NOS IMPIDE CONECTAR CON LA VIDA DE OTRA PERSONA DE LA MANERA QUE SUGIERES?

R: Nos han enseñado a pensar que hay algo que está mal en nosotros. Te sugiero que jamás jamás jamás escuches lo que otras personas piensan de ti. Te predigo que vivirás más tiempo y que disfrutarás más de la vida si nunca escuchas la opinión que tienen los demás sobre ti. No te lo tomes nunca como algo personal. Te recomiendo que aprendas a conectar con empatía con cualquier mensaje dirigido hacia ti. La comunicación no violenta nos enseña la forma de hacerlo. Nos enseña una manera de ver la belleza en la otra persona en un momento dado, independientemente de su conducta o de su lenguaje. Para ello, hemos de conectar con sus sentimientos y necesidades en ese momento, con lo que está vivo en ella. Y cuando lo consigamos, oiremos que esa persona canta una hermosa canción.

Estuve un tiempo trabajando con adolescentes de doce años de una escuela del estado de Washington, les enseñé a conectar con empatía con las personas. Querían que les enseñara cómo relacionarse con sus padres y profesores. Tenían miedo de las consecuencias de abrirse demasiado y revelar lo que estaba vivo en su interior. Uno de los alumnos dijo: «Marshall, fui sincero con una de mis profesoras. Le dije que no entendía lo que estaba explicando y le pedí que lo repitiera. Y me respondió: "¿No escuchas? Ya lo he explicado un par de veces"».

Otro dijo: «Ayer le pedí una cosa a mi padre. Intenté explicarle mis necesidades y me respondió: "Eres el hijo más egoísta de la familia"».

Realmente deseaban que les enseñara a conectar con empatía con esas personas de su vida que usaban ese lenguaje, porque solo sabían tomárselo como algo personal, se sentían culpables de algo. Les enseñé que si aprendían a conectar empáticamente con otras personas, oirían que siempre cantan una hermosa canción al expresar sus necesidades. Eso es lo que escucharás detrás de cada mensaje que te llegue de otro ser humano, si eres capaz de conectar con la Energía Divina de esa persona, en ese momento.

P: ¿PUEDES DARNOS UN EJEMPLO DE CÓMO CONECTAR EMPÁTICAMENTE CON ALGUIEN?

R: Empiezas por contarle a la otra persona cómo te sientes, qué necesidades tuyas no estás satisfaciendo. Entonces, ¿qué se puede hacer para que la vida sea más maravillosa? Esto adopta la forma de una petición clara.

Necesitamos expresar lo que nos gustaría que hiciese la otra persona para mejorar nuestra vida. Le hemos manifestado el dolor que nos ocasiona su conducta y cuáles de nuestras necesidades no están cubiertas. Ahora toca decir qué es lo que nos gustaría que hiciera para que nuestra vida fuera mejor.

La comunicación no violenta sugiere que hagamos nuestra petición utilizando el lenguaje de acción positiva. Voy a explicarlo mejor: *positiva* en el sentido de lo que quieres que haga la otra persona, a diferencia de lo que no quieres que haga o quieres que deje de hacer. Cuando somos claros con los demás respecto a lo que queremos, obtenemos resultados distintos que cuando solo les decimos lo que no queremos.

Un buen ejemplo es el de una profesora que vino recientemente a uno de mis talleres.

—Marshall, me acabas de ayudar a entender lo que me pasó ayer —me dijo.

—¿Y qué fue?

—Había un chico que estaba dando golpecitos a su libro, mientras yo estaba hablando en clase. «¿Puedes dejar de dar golpecitos en el libro?». Y empezó a dar golpecitos en la mesa.

Como ves, decirle a la gente lo que no quieres es muy distinto a decirles lo que quieres. Cuando intentamos que alguien deje de hacer algo, el castigo nos parece una estrategia eficaz. Pero si nos hacemos las dos preguntas, nunca más volveremos a usar el castigo. Nunca lo usaremos con los niños; crearemos un sistema judicial, un sistema correccional, en el que no se castigue a los criminales por lo que han hecho, y tampoco castigaremos a otras naciones por lo que nos hacen a nosotros. El castigo es un juego de perdedores.

Como he dicho antes, esto solo podremos verlo si nos hacemos las dos preguntas. La primera: «¿Qué queremos que haga la otra persona?». Observa que no es lo que no queremos. ¿Qué queremos que haga la otra persona?

Si solo hacemos esta pregunta, todavía nos puede parecer que el castigo podría ser una opción viable, porque probablemente recordemos momentos en que el castigo nos ha dado buen resultado y hemos conseguido que la otra persona hiciera lo que queríamos. Pero si añadimos la segunda pregunta, nos daremos cuenta de que el castigo no funciona nunca. ¿Y cuál es?: «¿Cuáles queremos que sean sus razones para que haga lo que deseamos?».

El objetivo de la CNV es crear vínculos con las personas para que se ayuden mutuamente por compasión, porque están conectadas con la Energía Divina, para servir a la vida, no por miedo al castigo, no porque esperan una recompensa, sino por la felicidad natural que sentimos al contribuir a nuestro mutuo bienestar. Así que cuando hacemos nuestra petición, hemos de hacerla en positivo: decir *lo que queremos*.

P: **¿CÓMO EXPRESAS TUS NECESIDADES SIN QUE PAREZCA QUE ESTÁS EXIGIENDO ALGO?**

R: Queremos hacer peticiones claras y asertivas, pero también queremos que los demás sepan que no son exigencias. ¿Cuál es la diferencia? Para empezar, no puedes saberlo por la forma en que se realiza. Si, por ejemplo, le decimos a alguien que vive con nosotros: «Me gustaría que colgaras tu ropa después de quitártela», ¿es una petición o una exigencia? Todavía no lo sabemos. No podemos decir si algo es una petición o una exigencia solo porque se haga con buenos modos o con mucha claridad. Lo que determina la diferencia entre una petición y una exigencia es la forma en que tratamos a la gente cuando no hace lo que le hemos pedido. Esto es lo que desvela si hacemos peticiones o exigencias.

Ahora bien, ¿qué sucede cuando las personas oyen exigencias? Bueno, en algunas que interpretan las peticiones como exigencias es bastante evidente. Una vez le pedí a mi hijo pequeño: «¿Puedes colgar el abrigo en el armario, por favor?». Y me contestó: «¿Quién era tu esclavo antes de que yo naciera?». Muy bien, es fácil estar cerca de este tipo de personas, porque si interpretan tu petición como una exigencia, lo sabrás enseguida. Pero hay otras que cuando interpretan una petición como una exigencia, responden de un modo muy distinto. Te dicen: «Vale», pero no lo hacen. O en el peor de los casos, te dice: «Vale», y lo hace. Pero lo hace porque lo ha interpretado como una exigencia. Porque teme las consecuencias si no lo hace. Cada vez que alguien hace algo por nosotros porque se siente culpable, por vergüenza, deber, obligación o miedo al castigo, cualquier cosa que haga con esa energía nos costará muy caro. Queremos que la otra persona haga lo que le pedimos solo cuando esté conectada con la Energía Divina que existe en todos nosotros. La Energía Divina se manifiesta a través de la felicidad que sentimos dándonos unos a otros. No cuando lo hacemos para evitar el castigo, la culpa y todas esas cosas.

P: ¿QUÉ PUEDES DECIRNOS DE LA DISCIPLINA? LO QUE ESTÁS DICIENDO PARECE MUY PERMISIVO.

R: A algunos les cuesta creer que pueda haber orden en su casa y en el Gobierno, a menos que se obligue a las personas a hacer las cosas, a menos que exijan. Por ejemplo, trabajé con una madre que me dijo: «Pero, Marshall, todo esto está muy bien, esperar que la gente actúe desde la Energía Divina, pero ¿qué me dices de los niños? Me refiero a que los niños primero han de aprender el *has de* hacer, lo que *deben* hacer». Esta madre estaba usando dos de las expresiones o conceptos que a mi entender son los más destructivos del planeta actualmente: *has de* y *deberías*. No creía que la Energía Divina estuviera tanto en los niños como en los adultos, que estos podían hacer las cosas no por miedo al castigo, sino por la dicha que experimentamos al contribuir al bienestar de otras personas.

—Hoy espero poder enseñarte otras formas de presentar las cosas a tus hijos para que se parezcan más a una petición. Para que entiendan tus necesidades. No porque piensen que lo han de hacer, sino porque vean la opción y respondan a esta Energía Divina en su interior.

—Todos los días hago cosas que no me gustan, pero hay cosas que *has de* hacer.

—¿Podrías darme un ejemplo?

—Vale, aquí lo tienes. Cuando salga de aquí esta noche, he de ir a casa y ponerme a cocinar. Odio cocinar.

Lo odio con todas mis fuerzas, pero es una de esas cosas que has de hacer. Lo he hecho todos los días durante veinte años. Lo odio, pero hay ciertas cosas que son inevitables.

Ella no cocinaba desde la Energía Divina. Lo estaba haciendo con otra actitud.

—Bien, espero poder enseñarte hoy una forma de pensar y de comunicarte que te ayudará a reconectar con tu Energía Divina e intentaré asegurarme de que todo lo hagas con esa energía. De este modo, podrás presentar las cosas a los demás desde esa energía.

Aprendió rápido. Esa noche cuando llegó a su casa, anunció a su familia que ya no quería seguir cocinando. Al cabo de unas tres semanas, adivina quiénes se presentaron en la formación: sus dos hijos mayores. Vinieron a verme antes de empezar y me ofrecieron su *feedback* de primera mano:

—Queremos contarte cuántos cambios ha habido en nuestra familia desde que mi madre vino al taller.

—Ah, sí. He sentido mucha curiosidad. Ella me ha contado todos los cambios que ha estado haciendo en su vida, y siempre me preguntaba cómo afectarían estos cambios a su familia. Así que me alegro de que hayáis venido esta noche. ¿Cómo fue la primera noche cuando llegó a casa y dijo que ya no quería seguir cocinando?

—Marshall —me dijo el hijo mayor—, pensé: «Gracias a Dios». Ahora, tal vez deje de lamentarse después de cada comida».

P: ¿CÓMO PUEDO SABER CUÁNDO ESTOY CONECTANDO CON LO QUE ESTÁ VIVO EN OTRA PERSONA?

R: Cuando hacemos cosas que no surgen de esta Energía Divina que hay en todos nosotros, esta energía que hace que dar compasivamente sea algo innato —cuando actuamos por algún patrón culturalmente aprendido solo porque *deberíamos*, *tenemos que*, por sentido de culpa, por vergüenza, deber, obligación o recompensa—, entonces, es cuando *todo el mundo* paga por ello. La CNV quiere que seamos muy claros, es decir, que no respondamos a menos que esa respuesta surja de la Energía Divina. Y eso lo sabrás cuando estés dispuesto a hacer voluntariamente lo que se te pide. Aunque sea algo duro o pesado, lo harás con gusto por la única razón de hacer que la vida sea mejor.

Todo esto resumido sería: puede que iniciemos un diálogo con otras personas expresándoles lo que está vivo en nosotros y lo que nos gustaría que hicieran para que nuestra vida fuera aún mejor. Entonces, no importa cómo respondan, intentamos conectar con lo que está vivo en ellas y con lo que haría que la vida fuese más maravillosa para ellas. Mantenemos este flujo de comunicación de este modo hasta que encontramos estrategias para satisfacer las necesidades de todos, y siempre nos aseguramos de que cualquier estrategia que acepten los demás lo hacen libremente, por el deseo de contribuir al bienestar mutuo.

P: **¿PUEDES DARNOS OTRO EJEMPLO DE CÓMO HAS USADO ESTE PROCESO PARA CONECTAR CON LOS DEMÁS?**

R: Estuve trabajando en un campo de refugiados en un país que no estaba muy contento con Estados Unidos. Había unas ciento setenta personas y cuando mi intérprete dijo que yo era estadounidense, uno de los asistentes se levantó y me gritó «asesino». Ese día me alegré de conocer la comunicación no violenta. Me permitió ver la belleza que ocultaba el mensaje de aquella persona, lo que estaba vivo en ella, su humanidad. En la CNV, podemos verla porque escuchamos los sentimientos y necesidades que ocultan los mensajes.

«¿Está usted enfadado porque mi país no está satisfaciendo su necesidad de ayuda?», le pregunté. Esa pregunta requería que yo intentara sentir sus sentimientos y necesidades. Podía equivocarme. Pero aunque nos equivoquemos, si intentamos sinceramente conectar con la Energía Divina en otros seres humanos (sus sentimientos y necesidades, en ese momento), eso les enseñará que no importa cómo se comuniquen con nosotros, nos importa lo que está vivo en ellos. Y cuando una persona confía en ello, vamos por buen camino para conseguir una conexión gracias a la cual se satisfagan las necesidades de todos. Pero eso no sucedió enseguida, porque ese hombre sentía mucho sufrimiento. Sin embargo, sucedió lo que considero correcto, porque cuando le dije: «¿Está usted enfadado porque mi país no está satisfaciendo su necesidad de ayuda?», él me respondió:

—Tiene toda la razón. No tenemos sistema de alcantarillado. No tenemos casas. ¿Por qué nos mandan sus armas?

—De modo, señor, si lo estoy entendiendo correctamente, me está diciendo que es muy doloroso que cuando lo que necesitan es un sistema de alcantarillado y viviendas, lo que reciben son armas; y eso es muy triste.

—Por supuesto, ¿se imagina usted lo que es llevar veintiocho años viviendo en estas condiciones?

—Lo que usted me está diciendo es que es muy doloroso y que necesita que entiendan las condiciones en las que están viviendo.

Al cabo de una hora, el hombre me invitó a una cena de Ramadán en su casa.

Esto es lo que sucede cuando conectamos con lo que está vivo en nosotros, con nuestra humanidad, con los sentimientos y necesidades que hay detrás de los mensajes. Esto no significa que siempre lo tengamos que decir en voz alta. A veces, es bastante evidente lo que siente y necesita una persona, no es necesario que lo repitamos. Tus ojos revelarán si estás intentando conectar con ella.

Esto no significa que estemos de acuerdo con todo el mundo. Ni que nos guste lo que están diciendo. Significa que estamos ofreciendo el valioso regalo de nuestra presencia, de estar en ese momento con lo que está vivo en ellos y que nos interesamos, sinceramente, no como técnica psicológica, sino porque queremos conectar con su Energía Divina en este momento.

P: **EL PROCESO DE CONECTAR CON LA ENERGÍA DIVINA EN LOS DEMÁS A TRAVÉS DE LA CNV SE VE MUY FÁCIL SOBRE EL PAPEL, PERO ¿NO ES DIFÍCIL PONERLO EN PRÁCTICA?**

R: Casi todas las personas que estudian la comunicación no violenta dicen dos cosas al respecto. Primero, lo fácil que es, es decir, lo simple que es. Solo las dos preguntas y lo único que hemos de hacer es seguir la comunicación, centrar nuestra atención, nuestra conciencia en lo que está vivo en nosotros y en lo que haría que la vida fuera mejor. ¡Qué simple! Lo segundo que dicen es lo difícil que es. Entonces, ¿cómo puede algo ser tan fácil y tan difícil a la vez?

Es difícil porque no nos han enseñado a pensar en lo que está vivo en nosotros. Se nos ha enseñado a encajar en ciertas estructuras, en las que unos pocos dominan a muchos. Se nos ha enseñado a prestar toda nuestra atención a lo que la gente (especialmente las figuras de autoridad) piensa de nosotros. Sabemos que si nos definen como malos, equivocados, incompetentes, estúpidos, perezosos o egoístas, seremos castigados. Y si nos etiquetan como niño bueno o malo, buen o mal empleado, seremos recompensados o castigados correspondientemente. No hemos sido educados para pensar en lo que está vivo en nosotros y en lo que puede mejorar la vida.

La CNV nos aconseja que comuniquemos a las personas lo que está vivo en nosotros en relación con lo que están haciendo. Nuestra finalidad es ser sinceros, pero sin utilizar palabras que invoquen imágenes de enemigo, reproche, crítica, insulto y diagnóstico psicológico.

Mucha gente cree que esto no se puede hacer con ciertas personas. Está convencida de que esas personas están tan heridas que no importa qué tipo de comunicación emplees con ellas, nunca podrás conseguirlo. Esa no ha sido mi experiencia. Puede que necesites más tiempo. Como sucede cuando trabajo en alguna prisión del mundo, esa conexión no se produce de inmediato; aquellos que están siendo castigados por haber cometido un delito necesitan más tiempo para llegar a confiar en que realmente me interesa lo que está vivo en ellos. A veces, no es fácil mantener esta actitud; en mi caso, tardé bastante en conseguirlo debido a mis condicionamientos culturales. Por eso, aprender a mantenerla puede suponer todo un reto.

P: **¿CÓMO CONSIGUES QUE LOS ENEMIGOS RECONOZCAN LO DIVINO EN EL OTRO?**

R: Cuando conectamos en el plano de la Energía Divina, es difícil mantener la imagen de que el otro es el «enemigo». La CNV, en su aspecto más puro, es la forma más rápida y poderosa que he encontrado para que las personas cambien su forma de pensar alienada de la vida, en la que solo aspiran a hacerse daño recíprocamente, por otra que les ayude a disfrutar las unas de las otras. He tenido miembros de las etnias hutu y tutsi mirándose cara a cara, cuyas familias habían sido asesinadas por la otra tribu, y, en dos o tres horas, he podido conseguir que se apoyaran mutuamente. Es inevitable: *inevitable*. Esta es la razón por la que uso este proceso. Dada la cantidad de sufrimiento que han soportado, no deja de sorprenderme la facilidad y la rapidez con la que puede suceder. La CNV sana rápidamente a las personas que han sufrido mucho. Esto me motiva a querer que suceda todavía más rápido, porque la forma en que lo estamos haciendo ahora, con solo unas pocas personas a la vez, todavía lleva mucho tiempo.

¿Cómo podemos hacerlo más deprisa con los ochocientos mil hutus y tutsis restantes, que no vinieron a la formación, y con el resto del planeta? Me gustaría explorar qué sucedería si pudiéramos hacer películas o programas de televisión sobre este proceso, porque he observado que cuando dos personas hacen este proceso cuando hay otras personas mirando, se produce el aprendizaje y la sanación vicarios* y la reconciliación. Me gustaría explorar formas de usar los medios para que grandes cantidades de personas pudieran realizar juntas este proceso.

P: **¿HASTA QUÉ EXTREMO ES VITAL NUESTRA NECESIDAD DE DAR Y RECIBIR?**

R: Creo que la necesidad de enriquecer la vida es una de las más básicas y poderosas que todos tenemos. Otra forma de expresarlo es que necesitamos actuar desde la Energía Divina. Y creo que cuando *somos* esa Energía Divina, no hay nada que nos guste más (nada que pueda darnos mayor alegría) que enriquecer la vida, que utilizar nuestro inmenso poder para enriquecerla.

Pero cuando tratamos de satisfacer esta necesidad para vivir esta Energía Divina, para intentar contribuir a la

---

* N. de la T.: La palabra *vicario* implica que no solo aprendemos o nos sanamos por experiencia propia, sino también por experiencia ajena, ya sea por la observación de lo que les pasa a otros o por la información recibida.

vida, también hay otra necesidad y una petición más. Necesitamos información y, por ello, solicitamos el *feedback* de la otra persona, cuya vida estamos intentando enriquecer. Lo que queremos saber es: «¿Es mi intención sentirme realizado gracias a mi acción? ¿He tenido éxito en mi intento?».

En nuestra cultura, esa petición se distorsiona en nuestra idea de que *necesitamos* que la otra persona nos ame por lo que hemos hecho, que lo valore y que nos acepte por ello. Y esto distorsiona y estropea toda la belleza del proceso. Lo que necesitábamos no era la aprobación del otro. Lo que pretendíamos era usar nuestra energía para enriquecer la vida. Pero necesitamos el *feedback*. ¿Cómo sé que ha servido de algo lo que he hecho si no recibo ningún comentario?

Y puedo usar ese *feedback* para que me ayude a reconocer si he actuado desde la Energía Divina. Sé que lo he hecho cuando soy capaz de valorar tanto una crítica como un agradecimiento.

P: ¿TE HAS ENCONTRADO CON ALGUNA BARRERA CULTURAL O IDIOMÁTICA EN ESTE PROCESO?

R: Realmente, me sorprende lo escasas que son. Cuando empecé a enseñar este proceso en otro idioma, dudé de que fuera factible. Recuerdo cuando fui a Europa por primera vez, primero tenía que ir a Múnich y luego a Ginebra. Mi compañera y yo teníamos serias dudas de que pudiéramos desenvolvernos en otro idioma. Ella lo haría en francés y yo iba a estar allí para que me hiciera las preguntas cuando saliera algún tema. Al menos iba a probar si podíamos hacerlo con traductores. Pero funcionó muy bien sin problemas y nos pasó lo mismo en todas partes.

Así que no me preocupo. Yo hablo en inglés y vosotros lo traducís, y funciona muy bien. No recuerdo ningún país en el que hayamos tenido problemas importantes; de cualquier modo, nunca se ha visto afectada la esencia. No solo no hemos tenido problemas, sino que repetidas veces, al finalizar los cursos, en cualquier país del mundo, muchas personas me han comentado que la CNV dice lo mismo que su religión. No es nada nuevo, ya lo conocen y dan gracias por esta manifestación. Pero no les parece nada nuevo.

P: ¿CREES QUE LA PRÁCTICA ESPIRITUAL ES IMPORTANTE PARA PRACTICAR LA COMUNICACIÓN NO VIOLENTA?

R: En todos mis talleres recomiendo a los participantes que se hagan esta pregunta: «¿Cómo elijo conectar con otras personas?», y sean lo más conscientes posible al respecto, para asegurarse de que es su elección, no la forma en que han sido programados para elegir. En serio, ¿qué forma elegirías para conectar con otros seres humanos?

La gratitud también desempeña un papel muy importante para mí. Si soy consciente de un acto humano por el que quiero expresar mi gratitud, si soy consciente de cómo me siento cuando el acto tiene lugar —tanto si es mi acto como el de otra persona, y sin tener en cuenta cuáles de mis necesidades satisface—, expresar gratitud me ayuda a ser aún más consciente del poder que tenemos los seres humanos de enriquecer vidas. Hace que me dé cuenta de que somos Energía Divina, de que tenemos un gran poder para hacer que la vida sea maravillosa y que no hay nada que nos guste más que hacerlo.

Para mí, esa es una gran prueba de nuestra Energía Divina, de que tenemos ese poder de hacer que la vida sea maravillosa y que no hay nada que nos guste más. Por esta razón, parte de mi práctica espiritual consiste en ser consciente de la gratitud y en expresarla.

P: ¿TE HAN INFLUENCIADO MOVIMIENTOS DEL PASADO QUE HAN INTENTADO MEDIAR ENTRE LA ESPIRITUALIDAD Y EL CAMBIO SOCIAL, COMO EL DE GANDHI O MARTIN LUTHER KING JR.?

R: Bueno, no cabe duda de que algo me han influido, porque he estudiado a personas que han conseguido hacer las cosas de una manera que valoro, y los que has mencionado, indudablemente, hacían las cosas de esa forma. El tipo de espiritualidad que valoro es aquella de la que obtienes una gran dicha por contribuir a la vida, no solo por sentarte a meditar, aunque la meditación sea muy valiosa. Pero me gusta ver que de la meditación y de su estado de conciencia resultante, las personas pasan a la acción y crean el mundo en el que quieren vivir.

LECTURAS RECOMENDADAS

Comunicación no violenta: un lenguaje de vida, Marshall B. Rosenberg (Barcelona, Editorial Acanto, S.A., 2016).

Ser paz en un mundo en conflicto: lo próximo que diga cambiará su mundo, Marshall B. Rosenberg (Barcelona, Editorial Acanto, S.A., 2018).

The Open and Closed Mind: Investigations into the Nature of Belief Systems and Personality Systems [La mente abierta y cerrada: investigaciones en la naturaleza del sistema de creencias y de la personalidad], Milton Rokeach (Martino Fine Books, Connecticut, 1960, reedición 2015).

The Powers That Be: Theology for a New Millennium [Los poderes que son: teología para un nuevo milenio], Walter Wink (Harmony, Penguin Random House, 1999).

Spirit Matters [El espíritu importa], Michael Lerner (Hampton Roads Publishing, Massachusetts, 2003).

A Spirituality of Resistance: Finding a Peaceful Heart and Protecting the Earth [Una espiritualidad de la resistencia: encontrar un corazón pacífico y proteger la Tierra], Roger S. Gottlieb (Rowman & Littlefield Publishers, Washington D. C., 2003).

SOBRE EL CENTRO PARA LA COMUNICACIÓN NO VIOLENTA

El Center for Nonviolent Communication (Centro para la Comunicación No Violenta [CCNV]) es una organización internacional sin ánimo de lucro que tiene como fin trabajar para la paz y cuya visión es: un mundo en el que se satisfacen pacíficamente las necesidades de todos. El CCNV se dedica a difundir la comunicación no violenta (CNV) por todo el mundo.

Marshall B. Rosenberg fundó el CCNV en 1984. Desde entonces ha estado contribuyendo a una vasta transformación social en el pensamiento, el habla y la acción, enseñando a conectar de formas que inspiren resultados compasivos. Ahora, la CNV se enseña en todo el mundo en comunidades, escuelas, prisiones, centros de meditación, iglesias, empresas, congresos profesionales, etcétera. Más de doscientos profesionales titulados y otros centenares más enseñan la CNV a aproximadamente doscientas cincuenta mil personas cada año, en más de treinta y cinco países.

El CCNV cree que la formación en CNV es un paso esencial para seguir construyendo una sociedad compasiva y pacífica. Tus donaciones deducibles en la declaración de la renta lo ayudarán a seguir facilitando formación en algunos de los países más pobres y violentos del mundo. También ayudarán a financiar el desarrollo y la continuidad de proyectos destinados a proporcionar formación en CNV en regiones geográficas muy necesitadas.

Para hacer una donación deducible o saber más sobre los valiosos recursos que describo a continuación, visita la website del CCNV en www.cnvc.org (en España, www.asociacioncomunicacionnoviolenta.org):

- Formación y diplomas: busca oportunidades de formación en tu zona, a nivel nacional e internacional; accede a información sobre cursos y conecta con tus comunidades de CNV, formadores y otros.
- Biblioteca: busca información por correo electrónico o pedidos por teléfono para una selección completa de libros, folletos, audios y vídeos de la CNV.
- Proyectos: siete proyectos regionales y temáticos aportan motivación y liderazgo para enseñar CNV para temas concretos o en una región geográfica.
- E-Groups y LISTSERV™: únete a uno de los distintos e-grupos temáticos moderados basados en los e-groups y LISTSERV desarrollados para favorecer el aprendizaje individual y el crecimiento continuado en CNV en todo el mundo.

Para más información, contacta con el CNVC en 5600-A San Francisco Road, NE, Albuquerque, NM 87109;

teléfono 505-244-4041; fax 505-247-0414; correo electrónico: cnvc@cnvc.org; sitio web: cnvc.org.

UNA INVITACIÓN

Lo que falta en esta transcripción es la experiencia de haber compartido tiempo y espacio con Marshall Rosenberg
o con alguno de los formadores certificados. El poder, la
cordialidad y la fuerza del mensaje de la CNV se intensifican
en las sesiones de formación en persona. El juego de roles
con una audiencia en directo suma una dimensión al proceso de aprendizaje que no es fácil de asimilar sobre el papel. Si quieres contactar con algún formador de CNV, visita
www.cnvc.org para programar algún curso o conferencia, así
como para ver el listado de formadores y comunidades de
apoyo en todo el mundo.

Para un listado de materiales de CNV –audios, CD, libros y otros–, visita www.cnvc.org. Para otros libros sobre
la CNV e información, visita www.NonviolentCommunica-
tion.com o la web para España, asociacioncomunicacion-
noviolenta.org.

SOBRE EL AUTOR

Marshall B. Rosenberg, fallecido en 2015, a los ochenta años, fue el fundador y director de los servicios educativos del Centro para la Comunicación No Violenta (CCNV), una organización internacional que trabaja por la paz. Es el autor de *Ser paz en un mundo en conflicto* y del superventas *Comunicación no violenta: un lenguaje de vida*. Tuvo el orgullo de recibir el premio Bridge of Peace ('puente de la paz') de la Global Village Foundation y el Light of God Expressing in Society ('la luz de Dios manifestándose en la sociedad') de la Association of Unity Churches International.

Se crio en un turbulento barrio de Detroit; eso despertó su interés por hallar nuevas formas de comunicación que aportaran alternativas pacíficas a la violencia que él había vivido. Su interés le condujo a estudiar psicología clínica, con el prestigioso Carl Rogers, en la Universidad de Wisconsin, donde obtuvo su doctorado en 1961. Su posterior experiencia de vida y estudio de la religión comparada le impulsaron a desarrollar el proceso de la CNV.

Puso en práctica este proceso por primera vez, en los años sesenta, en proyectos de integración escolar financiados por el Estado, para impartir cursos de mediación y comunicación. En 1984, fundó el CCNV, que actualmente cuenta con más de doscientos formadores certificados, en treinta y cinco países.

PREMIOS

2006: Bridge of Peace Award ('puente de la paz') de la Global Village Foundation.

2006: Light of God Expressing in Society Award ('la luz de Dios manifestándose en la sociedad') de la Association of Unity Churches International.

2004: Religious Science International Golden Works Award ('premio de la ciencia religiosa de International Golden Works').

2004: International Peace Prayer Day Man of Peace Award ('hombre de la paz en el día internacional de la oración por la paz') de la Healthy, Happy Holy Organization (3HO).

2004: Princess Anne of England and Chief of Police Restorative Justice Appreciation Award ('premio de la princesa Ana de Inglaterra y de la jefatura de policía de justicia restaurativa').

2000: International Listening Association Listener of the Year ('escuchador del año de la Asociación internacional de escuchadores').

Con su guitarra, sus marionetas en mano y una energía que inundaba las salas, Marshall viajó a algunos de los rincones más violentos del planeta, enseñando a crear un mundo más pacífico y satisfactorio. Vivió en Albuquerque, Nuevo México.